Geschäftsausstattung selbst gemacht

Wie man als Kleinunternehmer Briefpapier, Visitenkarte, Flyer und Website mit geringem Aufwand selbst erstellt.

Ein Ratgeber von Philipp Kuhlmann

Rechtliches

Die Informationen in diesem Buch werden ohne Rücksicht auf einen eventuellen Patentschutz veröffentlicht. Warennamen werden ohne Gewährleistung der freien Verwendbarkeit benutzt. Bei der Zusammenstellung von Texten und Abbildungen wurde mit größter Sorgfalt vorgegangen. Trotzdem können Fehler nicht vollständig ausgeschlossen werden. Der Autor kann für fehlerhafte Angaben und deren Folgen weder eine juristische Verantwortung noch irgendeine Haftung übernehmen.

Alle Rechte vorbehalten, auch die der fotomechanischen Wiedergabe und Speicherung in elektronischen Medien.

Fast jede Softwarebezeichnung und weitere Stichworte und sonstige Angaben, die in diesem Buch erwähnt werden, sind als eingetragene Marken geschützt. Da es nicht möglich ist, in allen Fällen zeitnah zu ermitteln, ob ein Markenschutz besteht, wird das ®-Zeichen nicht verwendet.

Alle Rechte vorbehalten. Kein Teil des Buches darf ohne Erlaubnis von Philipp Kuhlmann in fotomechanischer oder elektronischer Form reproduziert oder gespeichert werden.

Dieses Buch enthält Links zu externen Webseiten Dritter, auf deren Inhalte der Autor keinen Einfluss hat. Deshalb kann für diesen fremden Inhalt auch keine Gewähr übernommen werden. Für die Inhalte der verlinkten Seiten ist stets der jeweilige Anbieter oder Betreiber der Seiten verantwortlich. Die verlinkten Seiten wurden zum Zeitpunkt der Verlinkung auf mögliche Rechtsverstöße überprüft. Rechtswidrige Inhalte waren zum Zeitpunkt der Verlinkung nicht erkennbar. Eine permanente inhaltliche Kontrolle der verlinkten Seiten ist jedoch ohne konkrete Anhaltspunkte einer Rechtsverletzung nicht zumutbar.

Inhaltsverzeichnis

Vorwort

Als Kleinunternehmer oder Gründer ist man für fast alles selbst verantwortlich. Es gibt kein Chef, der sagt, was zu tun ist – man muss selbst herausfinden, was richtig und **wichtig** ist.

Ich selbst bin seit über 17 Jahren Einzelunternehmer und produziere auch meine Geschäftsausstattungen selbst. Anfangs (1997) noch als Hobby, ein paar Jahre später als Beruf bzw. als Selbstständiger. Eigentlich bin ich Bauingenieur, doch in den digitalen Medien fühle ich mich wohler.

Neben dem Erstellen von Geschäftsausstattungen biete ich auch Kurse für Photoshop, Illustrator, InDesign und Dreamweaver an. Dies sind Programme für die Gestaltung von Briefpapier, Logo, Flyern, Plakaten und Websites.

Im Zusammenarbeit mit der VHS und der IHK Konstanz habe ich ein Kursprogramm geleitet, welches den Teilnehmern das Handwerkzeug vermittelt, eigene Print- oder Web-Projekte zu stemmen. Dies gab mir im Nachhinein den Anstoß zu dem Ratgeber, den Sie jetzt in der Hand halten oder elektronisch lesen.

Was werden Sie also in diesem Buch lernen?

Wenn Sie am Anfang Ihrer Karriere als Selbstständiger oder Kleinunternehmer stehen, haben Sie normalerweise nicht immer gleich ein Budget von mehreren 1000,- Euros, um eine Werbe-Agentur für Ihre Geschäftsausstattung zu beauftragen. Daher liegt es nahe, sich diesen Auftrag selbst zu erteilen.

Gerade zu Beginn ist womöglich die Arbeitsbelastung noch überschaubar, weil Sie noch wenig Kunden haben und/oder Ihr Produkt ist noch nicht am Markt bekannt. Das bedeutet Sie hätten eigentlich Zeit, sich um Ihr Logo, Briefpapier und Website selbst zu kümmern.

Wie Sie das tun, erfahren Sie in diesem Buch. Ich werde Ihnen die wichtigsten Arbeitsschritte zu jedem Bereich erläutern, auf Fallstricke hinweisen, aber auch Alternativen nennen, die Ihnen helfen, wenn Sie doch feststellen, dass Ihr Talent für eine eigene Gestaltung nicht ausreicht.

Ich werde Ihnen zeigen wie ich für meine Firma EDVart Logo, Visitenkarte, Briefpapier, Flyer und Website entwickelt habe. Dabei werden wir die wichtigsten Programme von Adobe im Einsatz haben. Ich zeige Ihnen aber auch kostenlose Alternativen zu der teuren Software von Adobe.

Neben den Anweisungen aus diesem Ratgeber biete ich auf der Website http://buch.edvart.de Download-Links mit fertigem Design-Material. Damit können Sie die Beispiele aus diesem Buch gut nachvollziehen. Auch die erstellte Website ist dort live abrufbar.

Was ist eine Geschäftsausstattung?

Unter diesem Begriff versteht man normalerweise alle Gegenstände, die der Betriebsbereitschaft des Unternehmens dienen. Zur Geschäftsausstattung gehören damit auch Dinge, die nicht unmittelbar in Produktion oder zum Verkauf eingesetzt werden. Neben der Büro-Einrichtung gehören auch

- Logo,
- Briefpapier,
- Flyer, Broschüren,
- Kugelschreiber,
- Notizblöcke,
- Kalender
- und anderes.

Auch wenn eine Website nicht unbedingt zur Geschäftsausstattung im herkömmlichen Sinne zählt, soll Sie in diesem Buch als wichtiger Teil der Unternehmenspräsentation nicht fehlen.

Der Vorteil bei einer Neugründung ist, dass Sie ganz am Anfang stehen und bei der Gestaltung Ihrer Geschäftsausstattung mehr oder weniger freie Wahl haben. Sie müssen sich nicht an alten Designs und Farben orientieren. Sie erstellen eine neue sogenannte Corporate Identity, über die Ihr Unternehmen wiedererkannt werden soll (eine Unternehmens-Identität).

Am einfachsten stellen Sie sich Coca-Cola vor. Auch ohne den Text „Coca-Cola", würden Sie die Marke an dem geschwungenen Objekt unterhalb des Textes und der Farbe wiedererkennen.

Wichtig ist nur, dass Sie folgendes im Hinterkopf behalten:

Die Corporate Identity (CI) meiner Firma ist wichtig. Sie unterscheidet sich vom CI anderer Unternehmen (keine Logos kopieren) und soll über jedes Medium (Flyer, Visitenkarte, Website usw.) dem Kunden signalisieren, dass er es mit meinem Unternehmen zu tun hat.

Was wird alles benötigt?

Je nachdem was man gerade erstellen möchte, sind
verschiedene Dinge notwendig. Vieles davon gibt es sogar
kostenlos oder zu einem geringen Preis.

Was wir für die Gestaltung der Geschäftsausstattung aber
immer benötigen sind:

- Farben,
- Schriften,
- Computer und
- Software.

Für spezielle Fälle wie Briefpapier und Flyer:

- Papier und
- Bilder.

Sowie für eine Website:

- Hoster und
- Internet-Adresse (Domain).

Farben

Für die Farbwahl geht man nicht in den Baumarkt und sucht
eine Farbe aus. Nein, in diesem Fall handelt es sich um Farben,
die man mit einem Programm am Computer simuliert.

Die ausgewählte Farbe soll gut zum Thema Ihres Berufs, Ihrer
Dienstleistung oder dem Produkt passen. Im Idealfall wird
beim Betrachten Ihrer Geschäftsausstattung eine Assoziation
mit dem Thema hervorgerufen, ohne dass man verbal oder
schriftlich darauf hinweisen muss.

Für den Bereich Gesundheit, Wellness, Fitness, aber auch Sport
bieten sich zum Beispiel Orange-Töne an.

Technische Produkte oder Dienstleistungen kann man gut mit
Blau untermalen.

Rot und Schwarz bringt man eher in Verbindung mit Liebe,

aber auch mit Luxus und Exklusivität.

Weiß und Pastell bringt Klarheit, kann aber auch leicht langweilig wirken.

Achten Sie also bei der Farbwahl darauf, dass Ihre Hauptfarbe thematisch zu Ihrer Tätigkeit passt.

In umfangreicheren Designs wird auch gerne noch eine oder zwei weitere Farben hinzugenommen. Meist handelt es sich dann um eine Komplementär-Farbe. Schauen Sie sich mal eine umfangreiche Broschüre oder einen Geschäftsbericht an. Es gibt eine dominierende Farbe und für untergeordnete Dinge ein oder zwei andere.

Für unser Projekt ist in der Regel eine Farbe ausreichend. Da wir aber nicht den gesamten Text auch in dieser Farbe auszeichnen wollen, wird noch eine Textfarbe gewählt: Schwarz oder ein Schwarzton.

Wer sich mit der Farbwahl schwer tut, kann sich bei der Konkurrenz umschauen. Welche Farben sind dort mehrheitlich im Einsatz? Mit dieser kann mal also prinzipiell nichts falsch machen. Fragen Sie auch Ihre Freunde und (Ex-)Kollegen.

Wer sich digital weithelfen lassen möchte, kann mit dem Farbwähler von Adobe arbeiten. Auch dort werden sehr brauchbare Farbpaletten vorgestellt:

https://color.adobe.com/de

Rufen Sie die Website auf und klicken in der Navigation auf „Entdecken". Nun können Sie rechts im Suchfeld ein Thema eingeben. Tragen Sie zum Beispiel „Computer" oder „Fitness" ein. Je nach Zielgruppe erscheinen thematisch passende Farbstreifen.

Fahren Sie mit der Maus über die präferierte Farbe und klicken dann auf „Kopie bearb.". Im nächsten Fenster können Sie dann für jeden Farbton die Farbwerte auslesen.

Wenn Sie Mitglied bei Adobe sind oder sogar die Creative-Suite abonniert haben, können Sie die Farbkombination auch speichern.

Fangen Sie also gleich damit an und suchen sich Ihre Hauptfarbe oder eine Farbpalette bei adobe.com. Einfach Ihr Geschäftsthema in der Suche eintragen und sich inspirieren lassen!

In den Kapiteln „Logo", „Visitenkarten", „Flyer" und „Website" werden wir dann genauer auf den technischen Einsatz der Farben eingehen.

Farbwerte in RGB, CMYK oder Hexadezimal?

Nach der Farbwahl kommen wir nun zu den Farbwerten. Auf der Website von Adobe finden Sie in der Detail-Ansicht zwei Einheiten: RGB und Hexadezimal.

RGB steht für Rot, Grün und Blau. Man bezeichnet Sie auch als Lichtfarben und sie werden nur für den digitalen Einsatz – also am Monitor, in der digitalen Fotografie oder beim Scannen - benötigt.

Die Farbskala für jede Farbe reicht von 0 bis 255. Dreimal „255" ergibt Weiß (Rot: 255, Grün: 255, Blau: 255), dreimal „0" Schwarz (0, 0, 0). Daher der Ausdruck „Lichtfarben". Dreht man die Farbkanäle ganz auf (Licht an) gibt es Weiß. Stellt man Sie ab (0), erhält man Schwarz.
Kleiner Tipp: Sind die drei Werte identisch handelt es sich immer um einen Grau-Ton. (127, 127, 127) entspricht demnach einem neutralen Grau, (50, 50, 50) einem dunklen und (230, 230, 230) einem hellen Grau.

RGB werden Sie also meistens im Einsatz haben, sobald Sie mit einem Computerprogramm Ihre Geschäftsausstattung erstellen.

Die andere Einheit auf der Adobe-Website lautet hexadezimal. Hier wird also nicht mit 10 (wie im Dezimalsystem), sondern mit 16 Werten gearbeitet: 0, 1, 2, 3, 4, 5, 6, 7, 8, 9, a, b, c, d, e, f.

Diese Farbwerte werden nur für die Farbdarstellung auf Websites benutzt. Sie bestehen immer aus 6 Werten, die zwar auch abgekürzt werden können - bleiben wir aber auf der einfachen Seite. Vorangestellt wird noch eine Raute (#).

Weiß wird mit #ffffff und Schwarz mit #000000 programmiert.

Bleibt noch CMYK. Diese Abkürzung steht für Cyan, Magenta, Yellow und Key oder BlacK. Es handelt sich dabei um eine Farbeinheit, die für den Druck gedacht ist.

Sie wundern sich vielleicht über das K für Key bzw. Schlüssel? Normalerweise sollte physikalisch das Mischen von Cyan, Magenta und Yellow zu vollen Teilen ein Schwarz ergeben. Praktisch entsteht aber ein Schwarzbraun. Um ein wirkliches Schwarz zu erhalten, wird noch als viertes die Farbe Schwarz hinzugegeben.

Das hat aber immer noch nichts mit dem „Key" zu tun. Mit Key bezeichnet man in der Fotografie die Möglichkeit, einem Bild mehr Tiefe zu geben (Key erhöhen – größer als 1) oder Tiefe abzumildern (Key abschwächen – weniger als 1). Dieses Verstärken oder Abschwächen wird durch das Beimischen von Schwarz erreicht. Daher Key als Synonym für Black.

Jeder Farbton wird in Prozent angegeben (0 bis 100%). Man sollte darauf achten, dass die Summe aller 4 Werte nicht über 300% ergibt, da sonst die Farbe zu dick auf dem Papier aufgetragen wird.

Der Einsatz von CMYK wird für Sie nicht sehr von Bedeutung sein. Sollten Sie ein Dokument (Flyer oder Visitenkarte) in den Druck geben, wird die Umwandlung von RGB zu CMYK von der Druckerei oder dem Computer-Programm übernommen.

Wichtig ist nur, dass Sie nicht eigenständig eine Umwandlung vornehmen. Die Umrechnung nach CMYK ist nämlich abhängig von der gewählten Papiersorte. Diese kennen Sie normalerweise erstmal gar nicht. Außerdem verliert Ihr Dokument (meistens ein Foto) immer an Farbqualität, weil man mit CMYK nicht so viele Farben darstellen kann wie mit RGB. Eine Rückumwandlung ist zwar möglich, aber nicht zur gleichen Qualität wie vorher.

Möchten Sie sichergehen, dass im Druck eine Farbe genau nach Ihren Wünschen aussieht, dann sollten Sie sich noch um ein analoges Farbbuch kümmern. In diesem Katalog finden Sie in 10%-Schritten sämtliche Farbvarianten ausgedruckt. Sie können sich nun aus diesem Buch Ihre Druckfarben wählen.

Diese Kataloge gibt es in unterschiedlichem Umfang und großen Preisunterschieden. Am günstigsten ist der kleine Farbfächer von Cleverprinting für 19,90 Euro. Hier werden auch gleich Farbdateien zur Installation mitgeliefert, die Sie in Ihr Gestaltungsprogramm integrieren können (Adobe InDesign).

https://www.amazon.de/CP-FWI-0413-Cleverprinting-Farbwelten-Farbindex-Farbfächer/dp/3944755030

oder als abgekürzter Link:

http://amzn.to/2xJpvyN

Im Unterschied zu Fotos wird im Gestaltungsprogramm mit CMYK-Farben gearbeitet. Hier macht es also durchaus Sinn, Farben für Texte und Objekte in CMYK anzulegen. Im Kapitel Flyer und Visitenkarten erfahren Sie weitere Details.

Sollten Sie wirklich hundertprozentig an einer exakten Farbwiedergabe interessiert sein, sollten Sie auf sogenannte Sonderfarben zurückgreifen. Die bekanntesten Hersteller sind Pantone und HKS, die entsprechende Farbbücher im Verkauf haben.

http://store.pantone.com/de/de/

http://hks-farben.de/

Da bei normalen CMYK-Farben jede Druckerei zu leicht unterschiedlichen Ergebnissen kommt (die der Laie aber kaum erkennen wird), ist bei einer Sonderfarbe kein Unterschied feststellbar. Das liegt daran, dass bei einer CMYK-Farbe, die Farbe durch das Mischen von Cyan, Magenta, Yellow und Black entsteht. Jede Farbe wird einzeln auf das Papier in einem bestimmten Raster und Winkel punktweise aufgetragen. Je nach Druckmaschine und Temperatur im Raum und des Papiers kann es nun zu Abweichungen im Ergebnis kommen.

Eine Sonderfarbe wird hingegen nicht gemischt, sondern wird fertig als fünfte Farbe dem Druckprozess hinzugegeben. Es ist vergleichbar mit einer Farbe aus dem Tuschkasten aus der Schulzeit: Jede wichtige Farbe ist bereits fertig.

Damit ist das Druckerzeugnis natürlich erheblich teurer. Wenn

Sie nicht Coca-Cola sind, dann sollte die Farbwiedergabe für Sie erstmal nicht so wichtig sein.

Übrigens: Wundern Sie sich nicht, dass die Farben an Ihrem Monitor anders aussehen als später an Ihrem Tintenstrahldrucker, dem Laserdrucker oder aus der Druckerei. Der Monitor arbeitet mit RGB und Druckerzeugnisse mit CMYK. Nur Werbe- und Design-Agenturen arbeiten mit sogenannten kalibrierten Monitoren, um eine exakte Farbgleichheit zwischen digitaler und analoger Welt zu gewährleisten. Dies erfordert einen kalibrierbaren (und teuren) Monitor und einen Kalibrierprozess mittels Software und Hardware (z. B. einer Farbspinne).

Schriften

Jeder hat Sie im Einsatz, meistens ohne groß darüber nachzudenken: Schriften. Sei es in Word oder in Excel oder im Browser, wenn man bei Facebook einen Beitrag schreibt.

Doch Vorsicht: Es gibt eine unzählbare Menge an Schriften und jede kann eine andere Nachricht transportieren bzw. einem anderen Einsatzzweck dienen.

Fangen wir aber erstmal mit den wichtigsten Begriffen an: Schriftart, Schriftfamilie und Schriftschnitt.

Schriftart

Es gibt mehrere Arten von Schriften. Die wichtigsten Unterscheidungsmerkmale sind „Serif" oder „Sans-Serif" und „monospaced" oder „proportional".

Eine Serife ist der Ausläufer am Ende eines Buchstaben (vgl. folgende Abbildung).

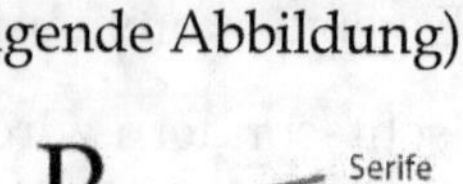

Bild 1: Serife

Diese besondere Auszeichnung hat den Zweck, Lesern das Lesen zu erleichtern. Sie versucht die Zeilen-Linie zu verstärken. Dadurch kann der Leser besser durch den Text navigieren und verliert sich nicht. Er findet nach dem Lesen einer Zeile sicher und schnell die nächste.

In längeren Texten sollten Sie also unbedingt eine Serifen-Schrift benutzen. Die bekanntesten lauten:

- Times,
- Times New Roman und
- (Adobe) Garamond.

Letztere wird in den meisten Romanen benutzt.

Im Gegensatz dazu verzichtet eine Sans-Serif-Schrift auf die Serife (sans = ohne). Damit wird ihr Einsatzgebiet auf keinen Fall ein Roman sein. So eine Schrift würde den Leser schnell ermüden und dieser würde den Inhalt automatisch abwerten.

Eine serifenlose Schrift verwendet man im digitalen Bereich: Für Präsentationen (PowerPoint) oder Websites. Im Einzelfall kann man sie auch für kurze Texte im Flyer oder für Überschriften einsetzen. Hier ist die Lesbarkeit trotzdem gegeben. Im Zweifelsfall benutzt man einen größeren Zeilenabstand, um dem Leser die Zeile besser wiederfinden zu lassen.

Bekannte serifenlose Schriften lauten:

- Verdana,
- Helvetica und
- Arial

Bleibt noch die monospaced und die proportionale Schrift. Erstere wird für Sie eher nicht in Betracht kommen – es sei denn Sie möchten gerne Programmier-Code darstellen. Hier wird gerne auf eine Monospaced zurückgegriffen:

```
html {background-color:#cccccc;}
h1 {color:#010101;}
```

Bild 2: Monospaced Schrift

Bei dieser Art von Schrift wird jeder Buchstabe in gleicher Breite ausgeben. Schauen Sie sich das Beispiel oben an und vergleichen es mit dem gleichem Programmiercode in einer proportionalen Schrift:

```
html {background-color:#cccccc;}
h1 {color:#010101;}
```

Bild 3: Proportionale Schrift

Sie sehen, die Unterschiede liegen hauptsächlich in der Breite der Textausgabe. Eine proportionale Schrift gibt dem Buchstaben so viel Raum wie er braucht und nicht jedem den gleichen Wert.

Schrift-Familie und Schrift-Schnitt

Eine Familie besteht normalerweise aus mehr als einer Person. So ist es auch bei der Schrift-Familie. Nehmen wir mal die Schrift Times New Roman. Wenn Sie diese in Word aus dem Schriftmenü anwählen, sehen Sie, dass zu dieser Familie die Schnitte *Standard*, *Kursiv*, *Fett* und *Fett kursiv* gehören.

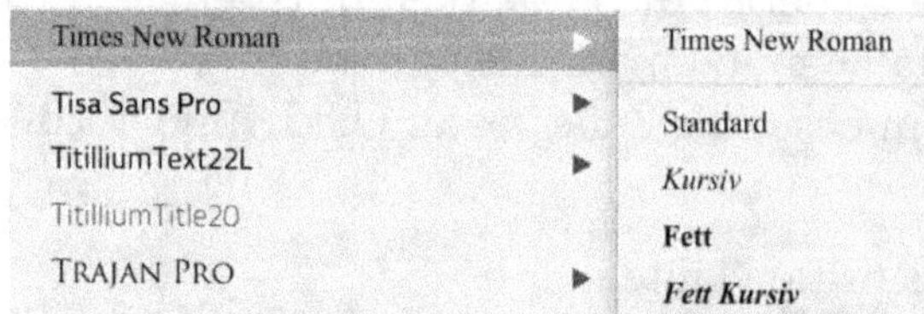

Bild 4: Schrift-Familie

Verwechseln Sie übrigens nicht fett und kursiv mit den gleichnamigen Funktions-Tasten in Office (Word, Excel usw.).

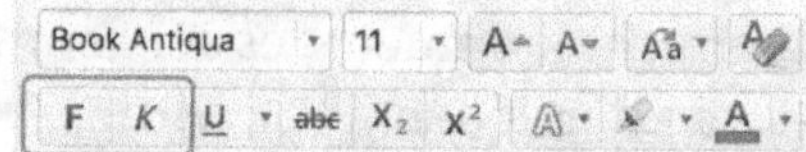

Bild 5: Office-Funktion: fett & kursiv

Wenn Sie diese statt dem entsprechenden Schriftschnitt wählen, wird Office versuchen aus dem normalen Schnitt eine kursive oder fette Auszeichnung zu erzeugen. Das kann sich unter Umständen von der anderen gewollten Darstellung unterscheiden.

In Einzelfällen gibt es auch mal Schriftfamilien mit nur einem Schnitt. Meistens handelt es sich dabei, um eine besondere Schrift mit speziellem Einsatzgebiet.

Großbuchstaben und Kapitälchen

Großbuchstaben werden Sie mit Sicherheit kennen, doch wie steht es mit Kapitälchen?

Letztere sind auch Großbuchstaben, nur werden sie im Vergleich zu den großgeschriebenen Buchstaben kleiner dargestellt:

GROSSBUCHSTABEN

KAPITÄLCHEN

Bild 6: Großbuchstaben vs. Kapitälchen

Übrigens: Auch Großbuchstaben kann man über eine Formatanweisung des Textverarbeitungsprogramms wählen, ohne die Umschalttaste der Tastatur zur Großschreibung zu benutzen.

In Word rufen Sie dafür die Schriftformatierung auf: Im Menü auf „Format" und dann „Schriftart" klicken. Dort finden Sie unten die Option Großbuchstaben oder Kapitälchen für Ihren Text anzuwählen.

Und warum? Weil es sein kann, dass der Schriftdesigner extra Buchstaben entworfen hat, die für Großschreibung besser geeignet sind.

Doch genug der Theorie – wann sollte ich nun Großbuchstaben oder Kapitälchen benutzen?

Grundsätzlich so wenig wie möglich, da beide Formatierungen die Lesbarkeit einschränken. Setzen Sie zum Beispiel einen ganzen Roman in Kapitälchen, wird der Leser nicht nur schneller ermüden, er wird auch langsamer den Text erfassen.

Großbuchstaben und Kapitälchen kann man also eher vernachlässigen. Wenn überhaupt setzen Sie sie für Überschriften oder als Design-Element ein (Text in einem Banner oder Logo).

Charakter von Schriften

Neben den Schriftschnitten, gibt es noch den Charakter einer Schrift. Eine verspielte Schrift sollte zum Beispiel nicht im Zusammenhang mit einem seriösen Business benutzt werden:

Bestattungsunternehmen Oswald

Bild 7: Schrift hat Charakter (Beispiel 1)

Auch eine moderne Schrift sollte mit Vorsicht gewählt werden:

vertragsrecht stocke

Bild 8: Schrift hat Charakter (Beispiel 2)

Wenn Sie auf der Suche nach Ihrer Hausschrift sind, achten Sie also darauf, dass die Wahl auf eine thematisch passende Schrift fällt. Außerdem sollten Sie vermeiden auf Schriften zurückzugreifen, die aus der Mode sind. Ganz besonders meine ich damit, Arial und Verdana. Beide Schriften wurden in der Vergangenheit sehr oft benutzt und haben kein positives Image mehr.

Kosten und Lizenzen

Wenn Sie als „Design-Anfänger" Ihren Computer starten und ein Textverarbeitungsprogramm wie Word öffnen, werden Sie schon Schriften vorfinden. Diese stehen Ihnen normalerweise kostenfrei zur freien Nutzung zur Verfügung, ohne eine extra Lizenz zu erwerben.

Die Schriften sind vermutlich über die Installation von Windows und Office auf Ihrem Rechner gelandet. Nutzer von

Mac OSX geht es genauso – mit dem Unterschied, dass dort andere Schriften vor-installiert sind.

Für den Anfang ist es völlig ausreichend, erstmal nur mit diesen Schriften seine ersten Design-Versuche zu starten.

Später werden Sie jedoch feststellen, dass Sie auch gerne etwas experimentieren wollen und die vorhandenen Schriften dazu nicht ausreichen.

Schauen Sie dafür ins Internet - es gibt zahlreiche Quellen, manche sogar kostenlos.

Am bekanntesten ist die Google-Abteilung für kostenlose Schriften (Fonts):

https://fonts.google.com/

Oder diese Quellen:

https://www.fontsquirrel.com/

http://www.dafont.com/

Seien Sie nicht irritiert, dass vorwiegend über Web-Font und Programmierbefehle für das Benutzen von Web-Fonts gesprochen wird. Man kann diese Schriften auch runterladen, installieren und im Textverarbeitungsprogramm benutzen.

Wählen Sie Ihre bevorzugte Schriftfamilie aus und suchen Sie nach dem Download-Zeichen:

Bild 9: Download Google Font

In der rechten Spalte finden Sie übrigens die Kriterien, die wir oben schon besprochen haben: Sans Serif, Sans und Monospaced. Neu sind noch die Kategorien Handwriting und

Display. Die eine Schriftart simuliert eine Handschrift und die andere wird entweder für Smartphone Apps (auf einem „Display") eingesetzt oder zur Verstärkung einer Stimmung. Beide sollte man also nur für kurze Texte wie Überschriften oder Titel einsetzen.

Um jede Google-Schrift bequem am Rechner zu nutzen, ohne mühsam im Web nach ihr zu suchen und zu installieren (um dann festzustellen, dass man sie doch nicht nutzen möchte), kann man SkyFonts installieren. Mit diesem Dienst werden automatisch alle Google-Fonts auf dem Rechner verfügbar gemacht. Auch Updates von Google werden erkannt und mit dem Rechner synchronisiert.

SkyFonts finden Sie hier:

https://www.fonts.com/de/web-fonts/google

Wer seine Software bei Adobe über ein Abo-Modell bezogen hat, kann auch auf die Typekit-Schriften zurückgreifen:

https://typekit.com/fonts

Mittlerweile ist der Einsatz von kostenlosen Schriften schon fast normal. Ich möchte aber darauf hinweisen, dass es durchaus noch kostenpflichtige Schriften gibt – das auch zurecht. Qualitätsmäßig unterscheiden sie sich zwar wenig (was früher anders war), doch allein die Einzigartigkeit macht einen großen Unterschied.

Gute Quellen sind:

http://www.dafont.com/de
(teilweise kostenlos, manche mit Spende, manche nur für Privatgebrauch – auf Lizenz achten!)

https://www.fonts.com/de
(sehr große Auswahl auch an besonderen Schriften)

https://www.fontshop.com/
(internationaler Font-Shop aus Berlin)

https://www.linotype.com/de/
(Website von einem Schriftenhersteller)

Einzelne Schriftschnitte gibt es schon ab wenigen Euro.

Natürlich sind auch teurere im Angebot. So kann man für eine komplette Schriftfamilie schon mal 1000,- Euro ausgeben. Davon rate ich erstmal ab – eine günstige tut es in der Regel auch.

Übrigens: Wussten Sie, dass ein Schriftdesigner für einen Schriftschnitt bis zu 3 Monate Vollzeit arbeiten muss? Kein Wunder, dass Schriften nicht immer kostenlos sind. Warum das so lange dauert, fragen Sie sich? Beim Designen einer Schrift kommt es nicht nur auf den einzelnen Buchstaben an, sondern auch um das Aussehen, wenn zwei Buchstaben in einem Wort nebeneinanderstehen. Sehen sie dann auch noch gut aus?

Manche Buchstaben werden zum Beispiel zu sogenannten Ligaturen zusammengerechnet. Auch diese muss gestaltet werden:

finster

Bild 10: Ligatur

Genug der Theorie! Gehen Sie auf eine der Websites und suchen sich Ihre Hausschrift aus. Tragen Sie Ihren Firmennamen ein und schauen wie der Text in verschiedenen Schriften wirkt. Sie müssen ja nicht gleich kaufen. Machen Sie sich ein Bildschirmfoto davon und vergleichen später untereinander. Zeigen Sie die Bilder auch Ihren Freunden, Kollegen und in der Familie. Ist Ihre Wahl wirklich thematisch passend?

Ich würde eine Schrift für das Logo/ den Firmennamen suchen, eine für Überschriften und eine für längere Texte. Kombinieren Sie und schauen, ob es ein stimmiges Bild ergibt.

Später können Sie dann den Text noch mit den gewählten Farben formatieren. Beides sollte optimal Ihre Firma repräsentieren.

Im Kapitel „Logo" werden wir uns dann näher mit der genauen Erstellung in einem Illustrationsprogramm beschäftigen.

Schrift-Dateien

Zum Abschluss noch etwas Technisches: Schriften liegen in digitaler Form als Datei vor. Dabei gibt es verschiedene Datei-Typen:

* ttf (Truetype),
* otf (Opentype),
* postscript (mittlerweile veraltet) und
* Web-Fonts (Schriftdateien für das Internet bzw. Internetseiten).

Um nicht die gesamte Technik dahinter zu erklären, die uns beim Erstellen der Geschäftsausstattung eh nicht weiterhilft, nur das Wichtigste:

Wenn Sie mit einem Apple-Computer arbeiten, können Sie ttf und otf bedenkenlos einsetzen. Es wird funktionieren.

Am Windows-PC sieht es etwas komplizierter aus. Hier können nur ttf-Dateien benutzt werden, die für Windows erstellt worden sind. Otf-Dateien hingegen funktionieren einwandfrei.

Wenn Sie also eine Schrift erwerben, nehmen Sie am besten das Opentype-Format. Damit können Sie nichts falsch machen.

Web-Fonts werden in vier verschiedenen Dateitypen in eine Webseite eingebunden, da jeder Browser einen anderen Typ bevorzugt. Glücklicherweise regelt WordPress bzw. die Gestaltungsvorlage Ihrer späteren Website das automatisch.

Kleiner Tipp: Achten Sie bei der Schriftwahl darauf, dass sie auch eine Web-Version hat. So können Sie Ihre Schrift später auch auf der Website benutzen. Bei Google-Fonts ist das immer der Fall.

Bilder

Wie sagt man so schön: Ein Bild sagt mehr als tausend Worte. Doch wann brauchen Sie Bilder? In einem Logo hat es zum Beispiel nichts verloren. Hier kommen eher Symbole zum Einsatz (wenn überhaupt).

Doch denken wir mal an einen Flyer, Plakat oder Ihren Webauftritt. Spätestens dann, wenn Sie ein Produkt verkaufen, muss dieses optisch sichtbar sein. Hier könnten Sie auf die Bilder des Herstellers zurückgreifen.

Doch wenn es Ihr eigenes Produkt ist? Dann tun Sie mir den Gefallen und suchen sich einen Fotografen. Es sei denn, Sie sind Hobby-Fotograf und verfügen neben dem Equipment auch über das künstlerische Händchen.

Der Fotograf

Oft genug habe ich es erleben müssen. Mein Kunde war der Ansicht die Fotos, die ein Mitarbeiter gemacht hat, sind perfekt und ein Fotograf ist nicht notwendig.

Doch leider waren Sie zu dunkel, hatten nicht die richtige Auflösung (dazu später mehr), waren leicht unscharf und ohne Aussagekraft, weil der Fokus falsch gewählt war.

Was drückt dieses Bild bei einem Ihrer zukünftigen Kunden aus? Er wird sicher nicht denken: „Oh wie genial, der Hersteller hat die Bilder selbstgemacht und dabei ein paar Euro gespart. Ganz schön einfallsreich. Hier kaufe ich gerne ein."

Denken Sie immer daran, manche Kunden kennen Sie noch nicht und müssen sich erst ein „Bild" von Ihnen machen. Daher sollten die Bilder auf Ihrer Website und im Flyer einfach die Besten sein.

Noch unprofessioneller ist der Einsatz von Bildern auf Firmenfeiern, um die Belegschaft zu zeigen. Bitte nicht. Gönnen Sie Ihren Mitarbeitern (und/oder sich) einen Fototermin beim Profi.

Und die gute Nachricht: Ein Fotograf kostet gar nicht so viel. Je nach Abrechnungsart (pro Person, Produkt, Shooting) kommen Sie mit 50,- bis 500,- Euro aus. Der Fotograf wird Sie auch beraten und Ideen haben, wie man Ihr Produkt am besten in Szene setzen kann.

Sie schneiden sich selbst ja auch nicht die Haare, nur weil Sie wissen wie man mit einer Schere umgeht.

Ein weiterer Nebeneffekt: Vielleicht stellt der Fotograf Ihre Bilder auf seiner Website aus oder hat Interesse an Ihrem Produkt oder Dienstleistung. Es kann also auch ein werbewirksamer Schachzug sein, sich mit einem Fotografen einzulassen.

Und zum Schluss: Nehmen Sie nicht wahllos den erstbesten Fotografen in Ihrer Nähe. Informieren Sie sich. Fragen Sie bei anderen Firmen nach, von denen Sie die Flyer kennen, die Ihnen gefallen.

Besuchen Sie Websites von Fotografen Ihrer Stadt. Sie werden schnell ein Gefühl dafür bekommen, welcher Dienstleister für Sie am ehesten in Frage kommt.

Bilderkataloge

Wenn Sie hingegen keine Produktbilder, sondern nur Stimmungsbilder brauchen, um Ihren Flyer oder Ihre Website aufzufrischen, benötigen Sie nicht unbedingt einen Fotografen. Sie können auch auf sogenannte Bilderkataloge zurückgreifen. Diese gibt es in den Formen: Kostenlos oder kostenpflichtig. Meistens aber in Form einer Website, wo man das Material erstmal begutachten kann.

Das Wichtigste zuerst: Bilder dürfen normalerweise nicht einfach so benutzt werden. Weder auf einem Flyer und schon gar nicht auf einer Website.

Bilder haben immer einen Urheber, dem und nur dem ist es gestattet, das Bild frei und überall zu verwenden. Wenn Sie also ein Foto gemacht haben, sind Sie der Urheber und haben damit alle Rechte davon. Mit Ausnahmen bei Fotos von Prominenten oder einzelnen Menschen (keine Menschenansammlung), Kunstwerken und auch bestimmten öffentlichen Gebäuden oder Skulpturen.

Wenn Sie aber eine Tomate, den Sonnenuntergang oder eine Schraube fotografieren, können Sie damit machen, was Sie möchten.

Übrigens: Wenn die Bilder vom Fotografen kommen, ist er

natürlich auch der Urheber (auch wenn Sie der Auftraggeber sind). Hier wird vertraglich geregelt, zu welchem Einsatzgebiet Ihnen der Fotograf Rechte einräumt. Am teuersten wird es, wenn Sie alle Rechte haben wollen. Das bedeutet, dass der Fotograf die Bilder nicht selbst nutzen darf und alle Rechte auf Sie überträgt. Meistens läuft es aber auf normale Nutzungsrechte hinaus: Einsatz auf dem Flyer und/oder der Website. Kommen noch weitere Gebiete hinzu wie Plakat oder gar Kinowerbung, wird es natürlich teurer.

Sie merken schon – bei Bildern ist es komplizierter!

Kommen wir zurück zu den Bildkatalogen. Suchen Sie sich Ihr Bildmaterial auf einen der wichtigsten Websites aus:

http://fotolia.de
(für mich erste Wahl; hier findet man immer was. Gehört nun übrigens zu Adobe)

http://pixelio.de
(kostenloses Bildmaterial)

http://gettyimages.de
(sehr teures aber gutes Material)

http://photocase.de
(wer nach ungewöhnlichen Motiven sucht, wird hier fündig)

https://pixabay.com
(kostenlos und sehr zu empfehlen, weil die Bilder uneingeschränkt verwendet werden dürfen)

Bis auf Pixabay muss der Einsatz der Bilder mit einem Verweis auf den Urheber und die Plattform einhergehen.

Mittlerweile sind auch viele Unternehmen bei Facebook oder anderen sozialen Kanälen engagiert. Beachten Sie dabei folgendes: Bilder aus den Bildkatalogen sind meistens nicht für diese Medien freigegeben. Schauen Sie also genau in den Lizenzbedingungen nach!

Im Moment ist mir nur Pixabay bekannt, wo Sie die Bilder auch in den sozialen Medien einsetzen dürfen.

Und bitte benutzen Sie nicht die Bildersuche bei Google oder laden sich Bilder von fremden Websites herunter. Sie benötigen immer das Einverständnis des Urhebers und der ist nicht immer so leicht ausfindig zu machen.

Lizenzmodelle und Kosten am Beispiel Fotolia:

Lizenz	Pixel / cm	Preis	In den Einkaufswagen	Downloaden
XS	507 x 237 px	1 Credit		
S	1014 x 473 px	3 Credits		
M	2017 x 942 px	6 Credits		
L	2815 x 1314 px	8 Credits		
XL	4087 x 1909 px	10 Credits		
XXL	6000 x 2802 px	12 Credits		
Erweitert				
X	6000 x 2802 px	40 Credits		

Bild 11: Fotolias Bildgrößen-Auswahl

Fotolia unterscheidet die Kosten nach Format bzw. Anzahl der Pixel im Bild. Doch wieviel Pixel benötigen Sie?

Wenn es sich um ein Bild für Ihre Website handelt, müssen Sie unterscheiden, ob es nur ein kleines Randbild sein soll (a), ein breites Bild für die Kopfzeile (b) oder sogar ein füllendes Hintergrundbild (c).

Für (a) reichen 500 Pixel in der Breite völlig. Für (b) würde ich zwischen 1200 und 1600 Pixel empfehlen (je nach Website-Breite) und (c) 1600 Pixel bis 2400 Pixel. Bei letzterem kann man ein kleines Bild auch vergrößern mit einem Bildbearbeitungsprogramm. Beim Vergrößern wird zwar die Qualität in Mitleidenschaft gezogen, da das Hintergrundbild aber eh durch Texte davor nicht wirklich einsehbar ist, macht dieser Umstand nicht viel aus.

Etwas mehr Rechenarbeit haben Sie beim Einsatz in den Print-Medien. Hier müssen Sie beachten, dass ein Bild eine Auflösung (DPI = Dots/Pixel per Inch) von 300 DPI haben sollte.

Nehmen wir an Sie möchten ein DinA4-Blatt (von ca. 20 x 30 cm) bedrucken.

1 Inch = 2,54 cm

7,87 Inch = 20 cm

7,87 x 300 = 2361 Pixel in der Breite

11,81 Inch = 30 cm

11,81 x 300 = 3542 Pixel in der Höhe

Sie sehen, sobald Sie Bilder für den Druck benötigen, werden auch die Lizenzpreise höher.

Texte

Dieser Punkt scheint eigentlich selbsterklärend bzw. überflüssig. Doch er ist gerade deshalb sehr wichtig: Er wird nämlich zu gern vernachlässigt. Mit der Folge, dass die Texte im letzten Moment geschrieben werden, weil zu viel Augenmerk auf das Design gelegt worden ist.

Oder der Text wird aus Sicht eines Profis geschrieben und ein Themenfremder versteht überhaupt nicht worum es geht.

Ebenso kommt es vor, dass Texte für den Firmenflyer oder eine Broschüre geschrieben werden und diese dann eins zu eins für die Website übernommen werden.

Das funktioniert leider nicht. Für jeden Einsatzzweck (Flyer, Plakat, Firmenbericht oder Website) muss eine andere Version verfasst werden.

Auch hier stellt sich die Frage – selber machen oder vom Profi erstellen lassen?

Aus meiner Erfahrung kann man diese Frage nie richtig beantworten. Denn – es kommt darauf an. Wie gut können Sie selbst schreiben? Wie steht es um die Rechtschreibung und die Grammatik?

Wenn Sie also selbst schreiben, lassen Sie die Texte unbedingt von mehreren Personen gegenlesen oder kümmern sich um ein

Lektorat.

Bei einem Profi können Sie sich normalerweise darauf
verlassen, dass alles richtig je nach Einsatzgebiet geschrieben
wird. Mit einer Ausnahme: Gute Texter für Internettexte sind
schwer zu finden. Viele können zwar auch für dieses Medium
gut schreiben, doch meistens wird eine Sache dabei vergessen:
Die Suchmaschinen-Optimierung (SEO, Search Engine
Optimization).

Bei SEO geht es unter anderem darum vor dem Schreiben
herauszufinden, welche Wörter vom Besucher oder dem
Suchenden im Web gesucht werden und diese dann im Text zu
verwenden. Insbesondere die Formulierung der Überschriften
mit Verwendung dieser sogenannten Keywords ist sehr
wichtig. Leider werden Titel von Textern gerne verwendet für
leere Worthülsen wie „wir sind die Besten" oder
„zukunftsfähige Lösungen".

Man verschenkt damit wertvolles Potenzial bei den
Suchmaschinen. Denn von dort kommen Besucher, die wirklich
gezielt nach Hilfe suchen. Später werden Sie im Kapitel
„Website" mehr darüber erfahren.

Grafiken

Als letztes möchte ich das Thema Grafiken ansprechen. Zu
dieser Rubrik zählt eigentlich alles, was kein Bild und Text ist:

- Illustrationen (Infografiken, Landkarten,
  Handlungsabläufe),
- Diagramme und
- Logo.

Auch hier stellt sich die Frage, brauche ich dafür einen Profi
oder mache ich es selbst? Seit ein paar Jahren findet man
übrigens auch in den Online-Bilderanbietern Grafiken zum
Download. Diese werden dort häufig als „Vektoren"
bezeichnet.

Vektor vs. Pixel

Der Hauptunterschied zwischen Vektor und Pixel liegt im Aufbau der dazugehörigen Datei.

Eine Pixel-Datei ist immer ein Bild. Die Abmessungen werden ja auch in Pixel angegeben.

Eine Vektor-Datei hingegen ist pixelunabhängig und hat damit eigentlich keine feste Größe. Man kann die darin enthaltene Form oder Formen beliebig vergrößern, ohne dass man eine Unschärfe erhält – so wie es bei einem normalen Pixelbild aus der digitalen Kamera der Fall ist.

Am einfachsten lässt sich dies am Beispiel einer Schrift-Datei erläutern. Sie wählen die Schriftfamilie „Times New Roman" und stellen die Größe auf 40 Punkt und schreiben eine Überschrift. Nun stellen Sie fest, dass der Titel noch größer werden soll. Also stellen Sie auf 50 Punkt um. Gibt es eine Qualitätsverschlechterung? Nein.

Das liegt daran, dass jeder Buchstabe als Vektor angelegt ist und nicht als Pixeldatei.

Bild 12: vergrößertes Motiv als Pixel-Bild links, als Vektor-Grafik rechts

Dasselbe gilt dann auch für ein Diagramm oder eine Infografik oder auch ein Logo.

Die wichtigsten Dateiformate, in denen man als Vektor speichern kann, und wie man einen Vektor selbst kreiert, stelle ich im Kapitel „Logo" vor.

Design-Phasen

Bevor wir zum Thema Computer und Programmen kommen, die Sie für die Erstellung Ihrer Geschäftsausstattung benötigen, möchten ich Ihnen noch vorstellen wie der Ablauf im Design-Prozess normalerweise ist.

Der Ablauf gliedert sich in 4 Abschnitte:

1. Konzeption,
2. Technische Realisierung,
3. Visualisierung und
4. DTP (Desktoppublishing)

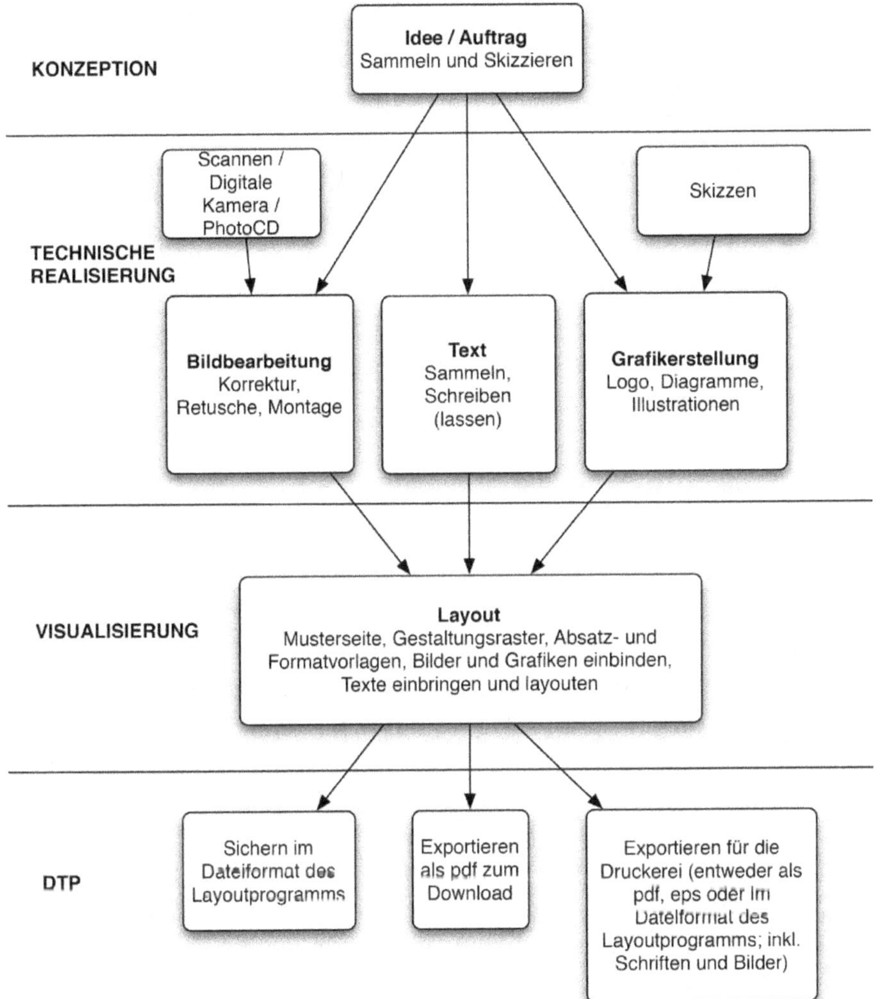

Bild 13: Phasen für Druck-Produkte

In der Konzeption wird der Auftrag genau erörtert und Ideen dazu gesammelt. Erst wenn man hier 100 Prozent Klarheit hat, wird zum nächsten Abschnitt gewechselt.

In der technischen Realisierung werden Bild, Text und Grafiken einzeln erarbeitet. Bilder kommen vom Fotografen oder Bildkatalogen und werden unter Umständen noch bearbeitet (Bildausschnitte wählen, Retusche, Kollagen). Für den Text wird der Texter herangezogen und die Grafiken kommen aus einem Bildkatalog oder ein Illustrator wird beauftragt.

In der dritten Phase werden alle einzelnen Produkte aus Stufe 2 in einem Layout-Programm gesammelt und „hübsch" aufbereitet. Das ist die Aufgabe vom Layouter oder Gestalter. Natürlich geht es nicht nur um die schöne Gestaltung, sondern auch um die Brauchbarkeit. Ist das Inhaltsverzeichnis richtig? Stimmen die Bildunterschriften und hat das Bildmaterial die richtige Auflösung?

In der letzten Stufe endet der eigentliche Herstellungsprozess durch den Export in ein druckbares Erzeugnis (PDF-Datei oder einem anderen Format) bis hin zum fertigen gedruckten Ergebnis.

Computer

Zu diesem Thema lässt sich eigentlich nicht viel sagen, da alle Rechner, die nicht älter als fünf Jahre sind, in der Lage seien sollten, mit unseren Aufgaben zurecht zu kommen.

Da wir keine 3D-Berechnungen oder Film-Schnitt machen, sind die Ansprüche wirklich sehr gering. Wer angenehm arbeiten möchte, sollte darüber nachdenken, den Arbeitsspeicher (RAM) des Rechners zu erweitern.

Da wir mehrere Programme gleichzeitig geöffnet haben und mitunter große Dateien benutzen, unterstützt ein großer Arbeitsspeicher die Schnelligkeit beim Arbeiten. 4 GB sollten es minimal sein – nach oben gibt es kein Limit.

Software

Kommen wir nun zum Handwerkzeug: Den Programmen. Ohne diese helfen Ihnen die ausgesuchten Schriften und Bilder wenig. Sie stehen nun also vor der Entscheidung: Welche Programme soll ich benutzen und wieviel ist mir deren Einsatz wert? Was bin ich bereit zu investieren und was für Vor- und Nachteile gibt es?

Kostenpflichtig und Open-Source

Vielleicht haben Sie schon von der kostenlosen Alternative zu Microsoft Office – Open Office gehört? Diese Software wurde 2001 von Programmierern erstellt und kostenlos zum Download angeboten. Warum fragen Sie sich? Weil Sie die Monopolstellung von Microsoft nicht gut finden und jedem die Möglichkeit geben möchten, mit einer Office-Software zu arbeiten. Auch wenn man keine finanziellen Mittel hat.

Mittlerweile wurde OpenOffice von Apache übernommen, kann aber immer noch frei bezogen werden.

Genauso wie es kostenlose Alternativen zu Microsoft hat, so gibt es diese auch im Design-Markt. Hier hat Adobe mit seinem Programm-Bündel „Creative Suite" eindeutig eine Monopolstellung. Gerade in Design- und Werbe-Agenturen, ist ein Arbeiten ohne Adobe nicht vorstellbar.

Die wichtigsten Adobe-Programme sind folgende:

- Photoshop (Bildbearbeitung),
- Lightroom (Bilderverwaltung und -Bearbeitung für Fotografen),
- InDesign (Layout für Flyer, Broschüren, Bücher),
- Illustrator (Erstellung von Grafiken),
- Dreamweaver (Programmierung von Websites) und
- Acrobat (PDF-Erstellung; nicht zu verwechseln mit Adobe Acrobat **Reader**, der nur zum Anzeigen, Lesen und Ausdrucken von PDF zuständig ist).

Wer sich für die neueste Variante von Adobe entscheidet, zahlt eine monatliche Nutzungsgebühr der Software – abhängig vom Paket. Das Komplettpaket kostet 49,99 netto (Stand Herbst 2017). Hier sind nicht nur obige Programme enthalten, sondern auch alle übrigen von Adobe (für Sound, Film, Animation und vieles mehr).

Wer nur das Paket für Bildbearbeitung benötigt, kommt natürlich billiger weg. Doch dann ist man wirklich nur auf wenige Programme beschränkt.

Als Alternative kann man noch die Vorversion zur Creative

Cloud (abgekürzt CC) normal erwerben: Die Adobe Creative Suite 6 in verschiedenen Varianten. Die Master-Collection mit allen Programmen, Design Premium oder Web Premium. Die Preise haben es trotz des Alters in sich: Selbst die einfache Design Premium Variante kostet über 1000,- Euro.

Mittlerweile ist es gar nicht mehr so einfach, die alte Version zu erhalten. Schauen Sie mal auf ebay.de oder suchen Sie mit einer Suchmaschine.

Glücklicherweise gibt es ja noch die Open-Source-Variante. Die Pendants zu den Platzhirschen habe ich hier gelistet:

- Photoshop – Gimp (https://www.gimp.org/),
- InDesign – Scribus (http://scribus.net/),
- Illustrator – Inkscape (https://inkscape.org/de/ Leider funktioniert Inkscape nicht mehr an einem Apple-Rechner. Die Programmierer arbeiten daran) und
- Dreamweaver – NVU (https://nvu.de.softonic.com/).

Jedem, der sich noch nicht sicher ist, ob eine Anschaffung von Adobe-Programmen lohnenswert ist, kann ja erstmal mit den kostenlosen Alternativen arbeiten.

Ich persönlich arbeite hauptsächlich mit den Adobe-Programmen. Das hat mehrere Gründe. Zum einen bekomme ich oft Daten von Agenturen, die mit einem Adobe-Programm erstellt und/oder bearbeitet worden sind. So habe ich die wenigsten Probleme im Datei-Austausch. Zum anderen gebe ich auch Unterricht als Dozent für Design- und Websoftware. Hier werden ausschließlich Adobe-Programme von den Kunden verlangt. Daher liegt es nahe, auch mit diesen Programmen in der Praxis zu arbeiten.

Auch wenn die hier vorgestellten Praxis-Beispiele mit Adobe-Programmen realisiert werden, kann dies genauso mit Open-Source-Programmen umgesetzt werden. Leider ist die Arbeit mit letztgenannten nicht immer so benutzerfreundlich wie mit Adobe-Software. Glücklicherweise gibt es aber auskunftsfreudige Online-Foren zu jeder Software, so dass keiner auf der Strecke bleiben wird.

Übrigens: Sie können auch probeweise mit Adobe arbeiten. Es

wird zu jedem Programm eine zeitlich beschränkte kostenlose Version zum Download angeboten:

http://www.adobe.com/de/creativecloud/catalog/desktop.html

Auch eine Möglichkeit: Ein Kunde von mir abonniert zum Beispiel das gesamte Paket nur für einen Monat für 89,- Euro. In diesem Monat macht er alle Änderungen in seinem Prospekt und dann kündigt er wieder.

Open-Source versus proprietärer Software

Für die IT-Interessierten folgt ein kleiner Einblick in die Software-Entwicklung. Alle anderen können diesen Abschnitt gerne überspringen.

Was ist Open-Source und proprietäre Software?

Letzteres ist jede Art von Software, dessen Code nicht einsehbar ist. Der Programmierer oder die Software-Firma schreibt das Programm und lässt es in Maschinensprache von einem Compiler übersetzen. Anschließend wird es in eine EXE-Datei umgewandelt und der Käufer benutzt diese zur Installation. Dieser Vorgang ist nicht umkehrbar. Man kommt also nicht an den Original-Code heran.

Bei Open-Source ist es im Grunde ähnlich. Doch hier stellt das Programmierteam nicht nur die EXE-Datei öffentlich zur Verfügung, sondern auch den Code (Open-Source = offene Quelle). Programmierer können also genau erkennen, wie das Programm geschrieben worden ist, Ihre eigenen Änderungen und Anpassungen vornehmen und daraus ihr eigenes Programm kompilieren.

Daraus ergeben sich natürlich einige Vor- und Nachteile.

Hier die Vorteile von Open-Source-Produkte:

- Quellcode ist einsehbar,
- Quellcode ist modifizierbar,
- Programm ist stabil durch ein großes Programmierer-Team,

- es ist kostenlos und
- kann kostenlos kopiert und weitergegeben werden.

Und die Nachteile von Open Source:

- Es lässt sich damit kein Geld verdienen (höchstens über Werbepartner).

Im Gegensatz dazu die Vorteile von proprietärer Software (Word und Excel sind proprietär, weil man nicht den Programmiercode einsehen kann, der zur Erzeugung des Programms notwendig ist. Man bekommt sozusagen nur das Endprodukt)

- Das geistige Eigentum/Quellcode ist geschützt,
- Programm kann über Verkauf eine Einnahmenquelle darstellen.

Die Nachteileproprietärer Software:

- Quellcode unantastbar (nachteilig für den Käufer),
- Programm kann vom Kunden kaum angepasst werden,
- Fehler werden nur vom (Firmen-)Entwicklerteam behoben,
- Kaufkosten und
- es sind keine Kopien möglich.

Weitere Alternativen zu Adobe

Es gibt natürlich noch andere kostenpflichtige Software zur Erstellung einer Geschäftsausstattung. Ich möchte nicht den Eindruck erwecken, dass Adobe immer die beste und einzige Wahl wäre.

Daher hier ein kleiner Blick über den Tellerrand:

QuarkXPress

Sie lachen über den Namen? Habe ich damals auch. Die Firma Quark war lange Zeit führend mit dieser Layout Software. Vor 18 Jahren war sie aus dem Agentur- und Design-Umfeld nicht wegzudenken. Heute gibt es Sie immer noch, doch die

Konkurrenz von Adobe hat Ihr schwer zu schaffen gemacht. Die wenigsten Agenturen arbeiten noch damit – Neugründungen verzichten darauf und investieren in das gesamte Paket von Adobe. Denn QuarkXPress ist teuer und trotzdem benötigt man noch ein Programm zur Bildbearbeitung und für Illustration.

Trotzdem: Das Programm arbeitet auf einem sehr hohen Niveau. Es gibt immer noch viele Profis, die der Meinung sind, die Schrift-Qualität wäre besser als in InDesign. Auch der Umstand, dass man hier keine monatlichen Abo-Gebühren zahlen muss, macht manchem das Ganze schmackhaft. Man zahlt einmalig knapp 900,- Euro.

Kompatibel ist QuarkXPress auch – man kann InDesign-Dokumente öffnen (umgekehrt übrigens auch), Illustrator- und Photoshop-Dateien importieren und komfortabel PDF erzeugen.

http://www.quark.com/de/Products/QuarkXPress/

Corel Draw Graphics Suite

Von der Firma Corel kommt ein richtiges Schwergewicht, welches ich leider nicht testen kann, da es nur für Windows erhältlich ist.

Es enthält einzelne Programme für jeden Design-Zweck:

- CorelDRAW® – Vektorillustration und Seitenlayout

- Corel® PHOTO-PAINT® – Bildbearbeitung

- Corel Font Manager™ – TrueType- und OpenType-Schriftverwaltung

- Corel® PowerTRACE® – Vektorisierung von Bitmaps (in der CorelDRAW X8-Anwendung enthalten)

- Corel® CONNECT™ – Inhalte-Suchprogramm

- Corel® CAPTURE™ – Screenshot-Programm

- Corel® Website Creator™* – Website-Design

Der Preis ist mit etwa 800,- Euro sehr moderat.

Vor ca. 15 Jahren hatte Corel einen zweifelhaften Ruf bei Druckereien. Es kam wohl manchmal zu Unstimmigkeiten im Druck. So tauchte zum Beispiel im gedruckten Endprodukt eine dünne Linie auf, die nirgends im Dokument angelegt war. Ich nehme aber schwer an, dass diese Kinderkrankheiten nicht mehr auftauchen.

http://www.coreldraw.com/de/product/grafikprogramm

Affinity Photo & Affinity Designer

Vor wenigen Tagen stolperte ich über einen Bericht „Adobe Photoshop vs. Affinity Photo". Vom letztgenannten Produkt hatte ich noch nie gehört. Wie sich herausstellte, wurde diese Software schon mehrfach ausgezeichnet und ist als echte Konkurrenz zu Photoshop einzustufen.

Und das Beste: Die Software ist für einmalig 49,- Euro zu haben und funktioniert auf Windows- und Apple-Rechnern. Selbst Photoshop-Dateien lassen sich damit öffnen und bearbeiten.

Affinity Designer kostet genauso viel und ist eine Konkurrenz zu Adobe Illustrator.

In diesem Jahr (2017) soll auch noch eine InDesign-Alternative von Affinity erscheinen: Affinity Publisher.

Wenn alle drei Programme auf dem Markt sind, werde ich diese Kombination ausprobieren und auf Herz und Nieren überprüfen. Ich könnte mir vorstellen, dass daraus etwas ganz Großes entstehen kann. Gerade jetzt, wo Adobe in Großbritannien die Preise für das monatliche Abo extrem nach oben geschraubt hat, sind viele Anwender enttäuscht und suchen nach Alternativen.

https://affinity.serif.com/de/

Microsoft Office

Natürlich stellt sich die Frage, warum man denn nicht alles mit Word, Excel oder PowerPoint erstellt. Diese Programme hat man doch schon im Einsatz und kennt sich einigermaßen damit aus.

Leider ist es so, dass diese Programme nur begrenzt DTP-tauglich sind. Das bedeutet, dass man nur sehr schwer Dateien erzeugen kann, die später auch in der Druckerei verwertbar sind.

Wer aber alles am eigenen Drucker produzieren möchte, kann das natürlich gerne tun. Ich kann aber nur davon abraten. Das Ergebnis und die Arbeit, die man damit hat steht in keinem Verhältnis zu der Qualität, die eine Druckerei liefert.

Ein Beispiel:
Sie kaufen sich eine Papier-Vorlage für Visitenkarten und laden sich eine Word-Vorlage, die zu dieser Vorlage passt. Als erstes müssen Sie mühsam in Word eine Gestaltung machen, um Sie dann auf die einzelnen Kärtchen zu verteilen. Am besten sollte die Position überall gleich sein. Sie werden schnell feststellen, dass die Möglichkeiten der Bearbeitung doch sehr beschränkt sind.

Nun kommen wir zum Ausdrucken. Sie legen das Visitenkarten-Papier ein und drucken die erste Seite. Hoppla, die Seite lag verkehrt im Drucker. Beim zweiten Mal machen Sie es richtig, doch dann lag die Seite etwas schief und der Ausdruck ist unbrauchbar. Beim dritten Anlauf wissen Sie schon nicht mehr wie rum das Papier eingelegt werden muss.

Sie vergeuden damit nur Zeit und Geld:

- Suchen und Kaufen von Visitenkarten-Papier im MediaMarkt inkl. Fahrt: 1 Stunde.
- Entwerfen, Ausdrucken der Visitenkarten und herauslösen der einzelnen Stücke (100 Stück): 1 – 3 Stunden.
- Kosten Visitenkarten-Papier für 250 Visitenkarten: 10,- Euro.
- Kosten für Drucker-Patronen bzw. Farbe: Je nach Typ und Farbeinsatz bis zu 10,- Euro.

Im Vergleich die Herstellung mit DTP-Software und einer Druckerei:

- Entwerfen der Visitenkarte mit InDesign: Maximal 1 Stunde.
- Hochladen bei www.ausdruck.com und Mail schreiben: 5 Minuten.
- Kosten für 250 hochwertige Visitenkarten: 38,- Euro.

Sie bekommen also ein deutlich besseres Ergebnis bei geringerem Zeitaufwand.

Noch günstiger ist übrigens Vistaprint (www.vistaprint.com). Dort gibt es 250 Karten bereits ab 9,99.

Wie Sie später sehen werden, ist für den Druck das Anlegen von Schnittmarken eine absolute Notwendigkeit. Diese Funktion gibt es in Office-Produkten aber nicht. Man muss diese also von Hand simulieren. Das ist eine knifflige Sache und nur von Office-Profis umsetzbar.

Lediglich beim Einsatz von Word im Zusammenhang mit einem Briefpapier kann ich zustimmen. Trotzdem wird in diesem Ratgeber auf den Umgang mit Office nicht weiter eingegangen.

Papier

Spätesten wenn Sie Ihre Visitenkarte ausdrucken lassen wollen, wird die Druckerei Ihnen einige Papiersorten zur Auswahl anbieten. Am wichtigsten sind dabei zwei Unterscheidungsmerkmale:

- Die Oberflächenbeschaffenheit und
- die Dicke des Papiers.

Am besten kann man die Oberflächenbeschaffenheit mit dem Finger erkennen. Streichen Sie mit ihm über verschiedene Papiere: Bücher, Titelseiten von Zeitschriften, Notizblöcke, Visitenkarten usw.

Sie werden schnell feststellen, dass manche Papiere glatt sind, andere eher rau. Hier spricht man von gestrichen und ungestrichenen Papieren – auch coated und uncoated genannt.

Meistens werden Sie eher gestrichenes Papier benutzen. Damit kann man am wenigsten falsch machen. Es kommt beim Briefpapier, Flyer und der Visitenkarte zum Einsatz. Natürlich kann man auch ungestrichenes Papier benutzen, doch zu Beginn würde ich deren Einsatz nicht empfehlen.

Kommen wir nun zur Papierdicke. Diese wird in g/m^2 berechnet. Gängige Werte für Briefpapier sind 80 bzw. 90 g/m^2. Je höher dieser Werte, desto dicker wird das Endprodukt. Für Briefpapier ist das eher nicht so ideal, weil Sie es sonst schwer falten können und auch das Porto teurer wird.

Ich würde Ihnen zu 90 g/m^2 raten. Dies macht in der Regel einen besseren Eindruck als die niedrigere Variante, welches oft billig wirkt und Ihrem Kunden einen negativen Eindruck vermittelt.

Bei Visitenkarten sollte der Wert natürlich höher gewählt werden, damit diese nicht leicht knickt und gut in der Hand liegt. Normalerweise beginnt hier der Wert bei 300 g/m^2.

Hoster und Domain

Diese Begriffe sind vielleicht für den einen oder anderen Leser nicht ganz klar. Eigentlich geht es hier um den Internet-Auftritt, den Sie für Ihr Geschäft eigentlich immer benötigen.

Der Hoster ist dabei ein Unternehmen, welches Ihnen einen Computer zur Verfügung stellt, der mit dem Internet verbunden ist und spezielle Web-Eigenschaften hat. Dieser Computer ist für Sie nicht wirklich greifbar, sondern wird von Ihnen über eine Online-Software direkt im Browser verwaltet.

Sie bekommen über den Hoster etwas Festplatten-Platz, einige E-Mail-Postfächer und Datenbanken, die wir später für ein Content-Management-System oder einen Blog benötigen. Keine Sorge, die Auswahl des Hosters und Einrichtung des Systems ist auch für Laien leicht zu erledigen. Außerdem werde ich Ihnen im Kapitel „Website" die wichtigsten Schritte zeigen.

Was wir normalerweise noch vor dem Hosting benötigen, ist eine Domain, eine Internetadresse, die mit dem Hosting verknüpft werden muss. Auch dieser Schritt ist sehr einfach, da er fast immer mit der Einrichtung beim Hoster verbunden ist.

In der Praxis rufen Sie die Website eines Hoster auf (1und1.de, strato.de, all-inkl.com, host-europe.de sind die bekanntesten), starten eine Domain-Abfrage (ist die Adresse xyz noch frei?) und im nächsten Schritt wird Ihnen ein entsprechendes Paket angeboten.

Sie kaufen bzw. mieten also beides von einem Dienstleister. Man kann dies auch separat machen, doch das macht nur Sinn, wenn Sie mehrere Domains haben möchten, ohne gleich alle mit einem Hosting zu verknüpfen.

Im Kapitel Website werden wir dann ausführlich in die Materie einsteigen und ich zeige Ihnen die Auswahl vom Domain-Namen und des richtigen Hosting-Pakets.

Übrigens die Begriffe Webseite, Homepage und Website werden gerne verwechselt bzw. in einen Topf geworfen. Dabei hat jeder Begriff eine andere Bedeutung:

Webseite: Ist eine einzelne Webseite (als Teil eines gesamten Webauftritts)

Website: Der gesamte Inhalt eines Webauftritts, also alle Seiten die über die Navigation und interne Links abrufbar ist (engl. site = Inhalt)

Homepage: Dieser Begriff ist eigentlich antiquiert, weil er aus der Zeit stammt, wo es nur eine einzige Webseite gab: die Startseite. Diese wurde damals Homepage genannt und war mit allen Inhalten gefüllt. Erst später gab es Hyperlinks mit denen man zwischen verschiedenen Seiten wechseln konnte und die Website wurde ins Leben gerufen.

So, nun haben wir die wichtigsten Dinge, die wir vorab wissen müssen geklärt und können uns endlich der Praxis widmen.

Das Logo

Bevor wir mit unserer Geschäftsausstattung beginnen können, benötigen wir ein Logo – auch Wortbildmarke genannt.

Jeder kann sich unter einem Logo etwas vorstellen. Das Logo von Lufthansa? Ein modifizierter Kranich. Das Logo der Allianz-Versicherung? Ein modifizierter Adler. Bei Apple ist es nur ein stilisierter Apfel.

(Aus Gründen des Lizenzrechts zeige ich dazu keine Bilder).

Und wie ist das Logo von Coca-Cola? Hier findet man eigentlich keine richtige Wortbildmarke – es wird lediglich der Schriftzug als Logo eingesetzt. Noch extremer ist es bei Facebook und Google. Hier wird nur der Name angezeigt ohne jeglichen Zusatz.

Nun stellt sich für uns also die Frage – benötigen wir überhaupt ein Logo? Ich würde sie mit Nein beantworten, vorerst.

Die Erstellung eines Logos erscheint zwar besonders reizvoll, doch man sollte eines nicht außer Acht lassen: So einfach ein Logo wirkt, so schwer ist es in der Realität, ein Logo zu erstellen. Vor allem dann, wenn man noch keine Erfahrung im Umgang mit den Programmen hat.

Neben der technischen Realisierung ist auch die Kreativität gefragt. Nicht jedem liegt es, künstlerisch eine Wortbildmarke zu entwickeln. Und am Ende muss auch noch etwas Stimmiges herauskommen. Das heißt das Ergebnis muss Ihre Dienstleistung, Eigenschaft und Werte vermitteln. Dinge, die teilweise gar nicht so leicht zu erkennen sind.

Eine nette Auswahl an Fehlleistungen finden Sie hier:

http://www.schleckysilberstein.com/2015/04/wenn-der-designer-geil-ist-die-doppeldeutigsten-firmenlogos-aller-zeiten/

oder die abgekürzte Version des Links:

http://goo.gl/aLFiuL

Ich würde Ihnen also zu Beginn empfehlen, sich nicht die Mühe zu machen ein Logo zu erstellen. Benutzen Sie Ihren Firmen-Namen oder Ihren eigenen Namen und wählen eine ansprechende Schriftart und Farbe.

Wenn Ihr Geschäft erfolgreich ist und schon mehrere Jahre am Markt ist, können Sie einen Grafiker engagieren, der Ihnen zu Ihrem Firmenprofil ein passendes Logo kreiert.

Da ich mit dem Buchtitel aber versprochen habe, zu erklären wie man ein Logo selber macht, folgt jetzt eine kleine Anleitung dazu.

Zuerst öffnen Sie Ihr Illustrationsprogramm (in diesem Fall Illustrator; Inkscape oder Alternativen dafür gehen natürlich auch, doch der Aufbau der Menüs werden anders aussehen) und erstellen eine neue Datei. Klicken Sie dafür in das Menü „Datei" und wählen „neu".

In dem nun erscheinenden Dialog gibt es viele voreingestellte Abmessungen für unterschiedliche Dokumente aber auch Medien. Bei Illustrator sind es „Mobil", „Web", „Druck" und „Grafik und Illustration". Wählen Sie letzteres und tragen dort die Abmessungen für Ihre Wortbildmarke ein.

Da wir das Logo als Vektor erstellen werden, ist die Dateiabmessung eigentlich nicht so wichtig. Wir können ja jederzeit verlustfrei vergrößern oder verkleinern. Mir persönlich erscheint es aber ratsam das erste Logo in der Größe für einen Briefkopf zu entwerfen.

Im Logo wird auch der Firmennamen enthalten sein; achten Sie also darauf, dass genug Platz bzw. die Abmessungen breit genug sind. Falls Sie es später feststellen, können Sie aber immer noch die Breite des Dokumentes anpassen – keine Sorge.

In unserem Beispiel erzeuge ich das Logo für meine Firma edvart. Da sollten die Abmessungen von 6 auf 3 cm reichen. Diese trage ich im entsprechenden Feld bei Illustrator ein.

Wie Sie bereits wissen ist mein Tätigkeitsfeld Webdesign und Schulung (anfangs auch EDV-Beratung für Apple-Rechner). Daraus ist das Kunstwort EDV+ART = edvart geworden. Damit die beiden Worte beim Leser auch als solche erfasst werden, muss man unbedingt mit einem Trick arbeiten, sonst wird das EDV nicht wahrgenommen. Entweder man schreibt das Logo teilweise mit Großbuchstaben: EDVart. Oder in unterschiedlichen Farben. Edv in grau und art in blau. Damit lassen sich die Wörter nun gut voneinander unterscheiden. Welche Variante Sie wählen ist sicher Geschmacksache. Mir persönlich erschien das EDV in der großgeschriebenen Version zu dominant. Daher wählte ich Nummer Zwei.

Neben den Abmessungen kann man in Illustrator noch andere Dinge eintragen. Diese Felder können Sie getrost leer oder unberücksichtigt lassen. Wichtig ist nur die Breite und Höhe und im unteren Bereich die Einstellung „RGB". Auch letzteres sollte schon so angewählt worden sein.

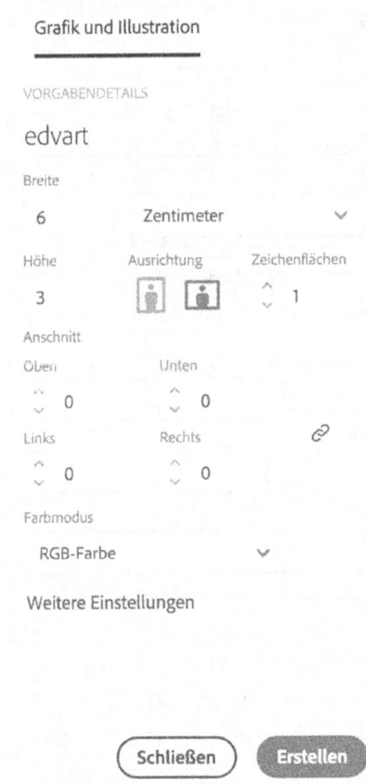

Bild 14: In Illustrator ein neues Dokument anlegen

Nach Klick unten rechts auf „Erstellen" sehen Sie ein weißes digitales Blatt Papier vor sich. Auf diesem werden wir jetzt die

Wortbildmarke erzeugen.

Wichtiger Tipp: Benutzen Sie die Scribble-Technik. Selbst Profis setzen sich zu Beginn einer Logo-Entwicklung nicht sofort an den Rechner und zeichnen los. Machen Sie es wie die Könner und nehmen erstmal ein Blatt Papier und einen Bleistift. Fabrizieren Sie kleine Skizzen, schreiben Sie Ihren Firmennamen in verschiedenen Varianten oder Sie heben einen oder zwei Buchstaben besonders hervor (vielleicht reichen ja auch Initialen?). Neben dem Firmennamen braucht eine Wortbildmarke ja noch das Bild – wenn man so will das Logo. Auch dieses wird erstmal auf Papier gezeichnet. Erst wenn Sie mit Ihrer Richtung bzw. Idee zufrieden sind, versuchen Sie diese am Rechner zu simulieren. Je einfacher desto besser!

https://de.wikipedia.org/wiki/Scribble

Später werden Sie diese Technik lieben, weil Sie überall an Ihren Ideen arbeiten können. Sei es am Flyer-Entwurf oder an der Gestaltung Ihrer Website – mit Papier und Bleistift können Sie überall tätig sein.

Kommen wir nun aber zurück zu unserem Logo. Zuerst erzeugen wir den Firmennamen edvart. Bevor wir in das Programm einsteigen ein paar Hinweise zu Illustrator.

Adobe-Programme sind immer mit sogenannten Fenstern und Leisten ausgestattet. In denen kann man alles wählen, was man zum Erstellen und Zeichnen benötigt.

Auf der linken Seite ist die Werkzeugleiste vertikal angeordnet. Hierauf werden Sie am häufigsten zugreifen, um Formen und Texte zu erzeugen oder vorhandenes anzuwählen und zu versetzen oder zu verändern.

In der oberen horizontalen Leiste des Bildschirmes gibt es zuoberst die Menüleiste, darunter die Anwendungsleiste und danach die Steuerungsleiste. Menü- und Steuerungsleiste sind die wichtigsten. Im Menü finden Sie Befehle wie Drucken, Vektor-Umwandlung, Farbeinstellungen und vieles mehr. Für unser Logo benötigen wir nicht viel davon. In der Steuerungsleiste findet man oft hilfreiche Abkürzungen, um bestimmte Arbeitsschritte schnell erledigen zu können:

Änderung der Konturstärke, der Linienstärke, der
Schriftfamilie usw.

Auf der rechten Seite sind in Spalten die eigentlichen Fenster
von Adobe bzw. Illustrator. Je nach Ansicht und
Bildschirmgröße sind die Fenster als kleine Register in Paletten
sichtbar oder als kleine Icons. Wenn Sie mit der Maus an den
Rand der Leiste gehen, erscheint ein Doppelpfeil und Sie
können die Breite verändern. Anfangs würde ich Ihnen
empfehlen diese so zu verändern, dass Sie den vollen Text der
Register lesen können. So finden Sie später alles einfacher
wieder.

Fangen wir nun mit unserem ersten Schritt an und schreiben
den Text des Logos, den Firmennamen. Wählen Sie dafür aus
der linken Werkzeugleiste das Textwerkzeug aus (es reicht ein
einfacher Klick auf das große T). Nachdem das Werkzeug in
der Leiste aktiv erscheint, klicken Sie einmal auf das weiße Blatt
Ihres Dokuments.

Daraufhin wird automatisch eine Textzeile erzeugt, in der Sie
den Text des Logos schreiben können. Wenn Sie mit der
neusten Version von Illustrator arbeiten (CC 2018) dann wird
sogar automatisch ein sogenannter Blindtext erstellt (Ein Text,
der mit „Lorem ipsum" beginnt). Sie können diesen
selbstverständlich wie in Word löschen.

Wenn wir nun unseren Text schreiben, werden wir feststellen,
dass wir noch gar nicht an die Schrift gedacht haben. Illustrator
nimmt automatisch die Schriftfamilie „Myriad Pro". Das sieht
zwar meistens gar nicht so schlecht aus, doch wenn jede Firma
die gleiche Schrift hätte, wäre das sicher kein
Hervorstellungsmerkmal. Wir brauchen also noch eine Schrift.

Ich hatte mich damals für den Kauf des Schriftschnitts „The
Sans Bold" entschieden, da es früher nur wenige kostenlose
Schriften gab. Heute sieht dies glücklicherweise anders aus und
mit etwas Suche findet man wirklich sehr passende Schriften.

Als Ersatz für die oben genannte Schrift würde ich nun die
„Open Sans" zum Einsatz bringen:

https://fonts.google.com/specimen/Open+Sans

Wie schon im Kapitel Schriften erwähnt kann man mit der Software Skyfont bequem am Rechner die Schriften von Google verwalten, laden und mit jeder Software benutzen.

Nachdem wir also die gewünschte Schrift installiert haben, können wir Sie aus dem Dropdown-Menü für „Zeichen" aus der Steuerungsleiste anwählen. Klicken Sie dafür auf das Wort „Zeichen" mit dem gepunkteten Unterstrich, dann erscheint das erwähnte Menü:

Bild 15: Zeichen und Einstellungen

Neben der Schriftfamilie gibt es auch die Einstellungen für Zeichengröße, Zeilenabstand, Zeichenabstand und Laufweite. Was Zeichengröße und Zeilenabstand bedeutet, ist denke ich klar.

Trotzdem ein paar kleine Warnhinweise:

Verkleinern Sie eine Schrift niemals auf unter 8 Punkt, es sei denn Sie möchten etwas verbergen. Dieser Wert ist gerade noch lesbar. Allerdings kommt es dabei auch auf die Schrift an. Eine sehr feine simulierte Hand-Schrift kann in der Größe kaum wahrgenommen werden.

Im Zweifelsfall drucken Sie das Schriftbild 1 zu 1 aus und kontrollieren es. Bitte seien Sie auch vorsichtig mit dem Zeilenabstand. Ist er zu klein, weiß der Leser nicht mehr wo die nächste Zeile beginnt und verliert sich im Text. Ist er zu hoch fliegen die einzelnen Zeilen durch das Blatt und es gibt keinen Zusammenhang mehr. Auch optisch sieht beides nicht vorteilhaft aus.

Besonders listig sind die Angaben für Zeichenabstand und Laufweite, weil beide gern verwechselt werden.

Bild 16: Zeichenabstand und Laufweite

Ersteres ist der Abstand zwischen den einzelnen Zeichen, welcher nicht immer gleich ist. So kann der Schriftdesigner vorgeben, dass weniger Abstand benutzt wird, damit kein unschöner Leerraum entsteht. Das ist die „Automatik-Funktion" vom Design-Programm. Man benutzt einfach die Schrift und alles sieht gut aus. Für den Anfang ist das auch völlig ausreichend. Möchte man sich allerdings darüber hinwegsetzen und ein designmäßig ausgewogenes Ergebnis haben, kann man auf „optisch" umstellen. Nun werden Buchstaben sogar über negative Werte dichter heranzogen. Probieren Sie es selbst.

Bitte machen Sie sich nicht diese Mühe für einen normalen Text. Bei Visitenkarten-Überschriften, Firmenname oder gar Plakattexten sollte man aber genau darauf achten, dass Wörter durch Lücken zwischen den Buchstaben nicht auseinanderfallen.

WALTER

Bild 17: W und A, L und T haben zu viel Abstand. Mit metrischem oder besser optischem Zeichenabstand sieht es schöner aus

Im nächsten Bild sehen Sie ein Logo, welches ich in freier Wildbahn fotografiert habe. Man nimmt den eben besprochenen Fehler deutlich wahr. In diesem Fall führt es sogar dazu, dass man nicht mehr sicher sein kann, um wieviele Worte es sich handelt: D'O RO oder D' ORO?

Bild 18: Logo mit zu großen Abständen zwischen den Buchstaben

Jetzt haben wir endlich unseren Firmennamen geschrieben. Vermutlich fällt Ihnen aber nun auf, dass die Position nicht stimmt und die Farbe nicht richtig eingestellt ist.

Objekte positionieren

Für diese Aufgabe gibt es das Auswahl-Werkzeug ganz oben links (das Werkzeug wird als schwarzer Pfeil dargestellt). Wählen Sie es an und klicken nun auf das Objekt (nicht doppelt klicken), was Sie versetzen wollen. Es bekommt dadurch einen Rahmen und kann dann mit gedrückter Maus verschoben werden oder Sie benutzen die Pfeiltasten Ihrer Tastatur.

Vorsicht beim Verschieben: Wenn Ihr Mauszeiger einen Doppelpfeil anzeigt verändern Sie die Form Ihres Objektes!

Mit dem Auswahl-Werkzeug lässt ich übrigens auch ein Textrahmen verschieben. Beim Einsatz an den Ecken (mit Doppelpfeil) kann man die Größe ändern, um mehr Text hineinschreiben zu können.

Farbe ändern

Bei Objekten (Formen und Text bzw. Buchstaben) kann man zwei Farben zuweisen: Die Füll-Farbe und die Kontur-Farbe. In den meisten Fällen ist letztere zwar nicht erkennbar, weil die Kontur auf Stärke Null eingestellt ist.

Bild 19: Kontur 0 und Kontor 3pt

In Illustrationsprogrammen ist ein sogenannter Pfad verantwortlich für die Erscheinungsform des Objektes und durch das Zuweisen einer Kontur wird er als Designmittel zweckentfremdet.

Wenn wir nun also Farbe unserem Logo einhauchen, müssen wir darauf achten, dass wir nur der Füllung und nicht der Kontur eine Farbe geben. Natürlich ist es möglich auch im Logo, Kontur zu verwenden. In unserem Beispiel verzichten wir jedoch darauf. Wenn Sie sich andere Wortbildmarken anschauen, werden Sie feststellen, dass dort auch keine Kontur zum Einsatz kommt.

Anmerkung: Eine Kontur kann allerdings sehr hilfreich sein, wenn Sie über einem Bild einen Text schreiben. Da kann es nämlich schnell passieren, dass schwarzer Text vor einem dunklen Hintergrund nicht mehr lesbar ist. Geben Sie diesem Text dann eine helle Konturfarbe und schon sind die Buchstaben wieder sichtbar.

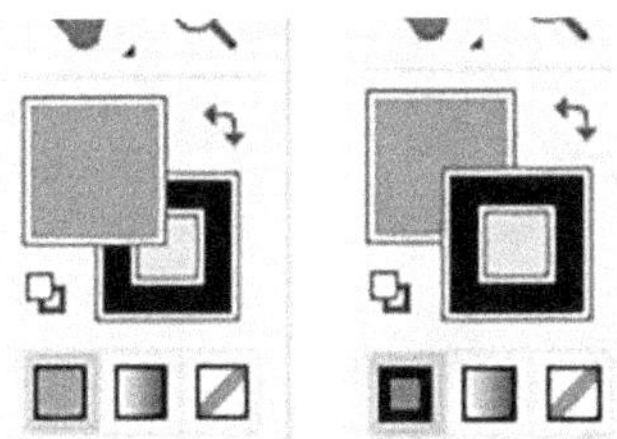

Bild 20: Füllung & Kontur; links Füllfarbe aktiv, rechts Konturfarbe aktiv

Je nachdem welches kleine Zeichen im Vordergrund steht,

dieses steht für das Einsatzgebiet. Markieren wir also zuerst den Text von „edv" und stellen sicher, dass die Farbbox für Fläche und nicht für Kontur im Vordergrund steht. Nun klicken wir doppelt auf das Kästchen mit der Farbe (wie links in Bild 15) und stellen im nächsten Menü (dem Farbwähler) die Farbe ein.

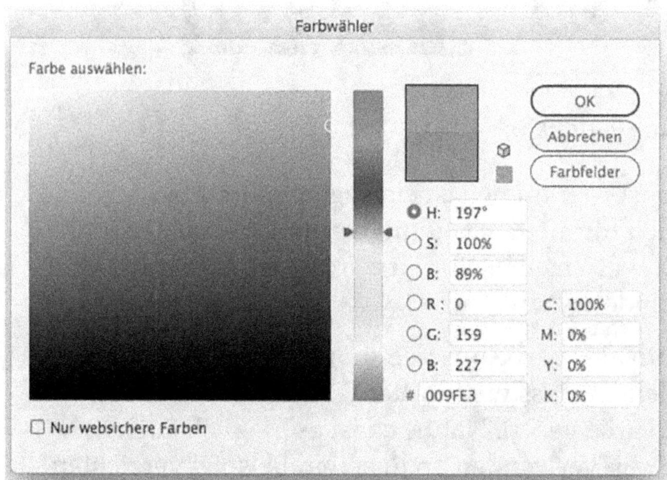

Bild 21: Farbwähler in Illustrator

Ich hatte mich damals für ein reines Cyan entschieden. Wir tragen also nur bei Cyan 100% ein, die anderen Felder (Yellow, Magenta und Black) stellen wir auf 0%.

Das Ganze machen wir nun noch bei „art". Hier wählen wir ein 40% Black und lassen die anderen Farben bei 0%.

Anmerkung: Da das Buch in Schwarz-Weiß gedruckt wird, sieht man womöglich wenig bis keine Unterschiede.

Bild 22: einfaches Text-Logo

Alternativ zum Farbwähler und dem Doppelklick auf die Farbfläche der Werkzeugleiste, kann man auch das Fenster „Farbfelder" aufrufen (horizontale Menüleiste: „Fenster" – „Farbfelder"). Nun öffnet sich ein kleines Fenster mit einer Liste von bereits definierten Farben. Ganz oben lässt sich definieren, ob Sie Füllung- oder Kontur-Farbe bestimmen wollen.

Die Entwicklung des Logos

Am Anfang hat dieses Logo vollkommen gereicht. Später habe ich es sozusagen „weiterentwickelt", indem ich es um etwas ergänzt habe.

Für diesen kleinen Zusatz zum Text habe ich sehr lange gebraucht. Es war auch nie von Beginn meiner Tätigkeit dabei. Erst seit 10 Jahren habe ich es integriert und seitdem nicht mehr verändert.

Wie oben schon beschrieben, ist es am einfachsten erstmal mit Papier und Bleistift zu arbeiten. Auch ein Spaziergang wirkt oft Wunder, wenn man gedanklich einfach nicht weiterkommt.

Auf Papier habe ich viel mit Elementen gespielt – so einfach wie möglich: Kreise, Dreiecke, Vierecke, Spiralen und vieles mehr.

Ich wollte nicht einfach nur einen Monitor oder eine Codezeile stilisieren. Irgendwann bin ich dann auf drei Quadrate gekommen, die eine Brücke bilden. Die Brücke soll die Wissensvermittlung in der Schulung symbolisieren und die Anzahl von drei Quadraten, die Farben Rot, Grün und Blau, die im digitalen Bereich benutzt werden. Im Logo sind die Quadrate trotzdem nur blau, weil ich es nicht zu bunt haben wollte.

Zeichnen wir also 3 Quadrate und setzen Sie an das Logo heran:

Wählen Sie das Rechteckwerkzeug aus der Werkzeugleiste (es befindet sich oberhalb des Pinsels oder Sie drücken Taste „M", das geht immer).

Klicken Sie mit der Maus an die Stelle wo das Viereck erzeugt werden soll. Es erscheint ein Eingabe-Fenster, dort tragen Sie die Abmessungen von jeweils 0,3 cm ein. Bestätigen Sie das mit OK. Sollte es für Ihren Fall zu klein wirken, weil der Firmentext größer ist als bei mir, können Sie natürlich höhere Werte benutzen.

Nehmen Sie nun wieder das Auswahlwerkzeug und bringen das erste Quadrat in die richtige Position. Es sollte nicht zu weit weg stehen, aber auch nicht am Namen kleben.

Wenn das Quadrat noch eine falsche Farbe hat, klicken Sie es an und stellen mit dem Farbwähler wieder die richtige ein – wie oben schon beim Text gemacht.

Nun machen wir ganz einfach ein Duplikat mit einem kleinen Trick: Nehmen Sie das Auswahlwerkzeug und gehen mit der Maus über das Quadrat und warten bis das Symbol mit dem schwarzen Pfeil kommt (falls nicht, müssen Sie sich mit der Lupe noch dichter an das Dokument heranzoomen). Halten Sie dann die „Alt"-Taste an Ihrer Tastatur gedrückt. Nun erscheint ein weiterer kleiner weißer Pfeil – dieser zeigt an, dass Sie mit gedrückter Maustaste ein Duplikat verschieben können. Tun Sie genau das zwei Mal.

Wem das zu kompliziert ist oder wer Probleme mit der Maus hat, kann selbstverständlich einfach im Menü oben „Bearbeiten" - „Kopieren" und anschließend „Bearbeiten" - „Einfügen" anwählen. Nun kann man das Duplikat mit der Maus an die richtige Stelle befördern.

Nachdem wir das zweimal gemacht haben und die Objekte an die richtige Position gebracht haben, ist unsere Wortbildmarke fertig – Bravo!

Dokumentenabmessung war zu klein oder in falschem Seitenverhältnis gewählt

In diesem Fall gibt es zwei Möglichkeiten. Sie können zum einen die neuen Maße direkt eintragen in den Zeichenflächenoptionen oder Sie verändern die Abmessungen direkt mit der Maus in der Zeichenflächenansicht.

Die Änderungen mit der Maus sind am einfachsten umzusetzen. Wählen Sie in der Werkzeugleiste das Zeichenflächenwerkzeug an (Symbol mit dem Blatt Papier und einem Fadenkreuz oben links oder Sie betätigen die Umschalttaste und die Taste „o") und Ihr Dokument bekommt sofort einen Rahmen, an dem Sie die Abmessung bequem verschieben können.

Möchten Sie hingegen bestimmte Länge und Höhe per Zahl festlegen, schauen Sie bitte in die Steuerungsleiste, die waagerecht über dem Bild unterhalb des Menüs liegt. Dort können Sie Breite und Höhe direkt eintragen.

Bild 24: Höhe und Breite der Zeichenfläche

Um den Zeichenflächenmodus zu beenden, wechseln Sie einfach zu einem anderen Werkzeug.

Anmerkung: Illustrator ist in der Lage in einem Dokument

mehrere Zeichenflächen abzulegen. Das bedeutet, dass Sie in einer Datei Ihre Visitenkarte, den Flyer, Ihr Logo und viele andere Dinge unterschiedlicher Größe ablegen könnten. Ob Sie das auch so handhaben wollen, ist ganz Ihnen überlassen. Es ergeben sich dadurch keine nennenswerten Vorteile.

Sie haben einen Fehler gemacht

Gut so! Ja wirklich. Es bleibt einfach nicht aus, dass man bei der Arbeit mit Software Schritte macht, die zu einem nicht gewünschten Ergebnis führen. Glücklicherweise ist alles digital und beliebig rückholbar.

Betätigen Sie einfach so lange die Tastenkombination „strg" + „z" bis Sie wieder im gewünschten Ursprungszustand sind. Apple-Nutzer nehmen statt „strg" die „cmd"-Taste.

Dieser Tastaturbefehl gilt für fast alle Programme herstellerübergreifend. Lediglich bei Photoshop kommen Sie damit nur einen Schritt zurück. Für weitere benutzen Sie dort am besten die Protokollfunktion oder die Kombination „strg" + „alt" + „z".

Was sollten wir vor der Weitergabe unseres Logos noch tun?

Vor der Weitergabe ist aber noch ein weiterer Schritt ratsam. Im Dokument haben wir eine Schrift verwendet, deren Installation am Rechner für die Darstellung wichtig ist. Geben wir diese Datei (unser Logo) ohne Schrift-Datei weiter, kann es sein, dass derjenige, der Sie öffnet, den Text nicht richtig dargestellt und eine Fehlermeldung bekommt. Um das zu verhindern, lösen wir die Schrift unseres Logos in Pfade bzw. Vektoren auf. Aus den Buchstaben werden sozusagen einzelne Objekte.

Klicken Sie dafür mit dem schwarzen Pfeil die Textbox an und gehen in das Menü „Schrift". Dort suchen Sie nach dem Eintrag „In Pfade umwandeln". Mit Auswahl dieser Funktion werden alle Buchstaben „aufgelöst". An der Darstellung ändert sich jedoch nichts.

Speichern Sie nun Ihr Dokument unbedingt unter einem anderen Namen, weil sonst die Version mit den Buchstaben für immer verloren wäre. Man kann diesen Schritt später nicht rückwärts ausführen.

Das Logo ist fertig und nun?

Als nächstes sollten wir das Logo in verschiedene Dateiformate speichern:

- .ai (Adobe Illustrator) als Ursprungsdatei,
- .eps (enscapsulated post script) zur Weitergabe als Vektor und
- .png (portable networks graphics) zur digitalen Verwendung (Website, Diagramme, Powerpoint-Präsentationen).

In den ersten beiden Datei-Arten kann man unser Logo in einem Layoutprogramm weiterverwenden (InDesign, Scribus, QuarkXPress) und die Dateiinformation bleibt als Vektor erhalten.

Wer alle Programme von Adobe benutzt kann in dem Illustrator-Datei-Format „.ai" speichern und es in InDesign platzieren. Auch das kostenlose Scribus sollte mit ai Dateien umgehen können.

Wer auf Nummer sichergehen möchte, exportiert das Logo in das Format „.eps". Dieses Dateiformat ist der Klassiker im Austausch von Vektor-Grafiken. Egal welches Format Sie wählen, es gibt beim Export-Vorgang immer Optionen, die Sie mit Häkchen an- oder abwählen können.

Normalerweise sind die voreingestellten Schalter richtig gewählt – Sie können also alles so belassen. Sollte allerdings im späteren Prozess im Layoutprogramm oder im Druck Unstimmigkeiten geben, kann es an falschen Einstellungen hier liegen.

Da wir aber nur Standard-Arbeitsschritte unternommen haben, sollten keinerlei Fehler auftreten.

Beim letzten Datei-Typ „.png" (sprich = ping) hingegen, wird alles in Pixel umgerechnet. Im schlimmsten Fall werden also einzelne Pixel erkennbar sein.

Man sollte beim Erstellen einer solchen Datei noch zwei Dinge berücksichtigen:

Falls Sie es für Web-Zwecke nutzen, sollte die Dateigröße möglichst klein sein. Wählen Sie dafür den Speicher-Dialog „Datei" – „Exportieren" – „für Web speichern" und stellen dort auf png-8 bei normalen Grafiken bzw. png-24 bei hochwertigen. Da Ihr Logo immer gut aussehen sollte, wählen Sie also png-24.

Png-8 steht für 8 Bit = 256 Farben und Png-24 für 24 Bit = mehr als 16 Millionen Farben (2 hoch 24). Je mehr Farben Sie zur Verfügung haben, desto brillanter wirkt natürlich das Bild. Wer unbedingt auf eine kleine Datei achten möchten (für die Website zum Beispiel), kann auch mit Png-8 speichern.

Möchten Sie es für Diagramme oder Präsentationen oder auch nur ein Word-Dokument verwenden, reicht der normale Exportvorgang: „Datei" – „Exportieren" – „Für Bildschirme exportieren". Dort können Sie rechts in einem Dropdownfeld Png einstellen.

Leider hat Adobe die Angewohnheit mit jedem Update ein paar wenige Menü-Texte zu verändern. Die Position bleibt zwar meistens erhalten, doch trotzdem ist dies extrem lästig jedes Mal aufs Neue nach etwas Altem suchen zu müssen. Der Begriff „Für Bildschirme speichern" wurde zum Beispiel erst vor kurzem eingeführt. Früher musste man lediglich auf „Exportieren" klicken. Dort suchte man sich dann den passenden Dateityp aus.

Herzlichen Glückwunsch – Sie haben Ihr erstes Designerzeugnis selbst erstellt! Im Moment ist es zwar nicht das Ergebnis Ihrer eigenen Gestaltung, doch Sie haben die wichtigsten Schritte zur Logo-Entwicklung kennen gelernt.

Sie können jetzt Ihr eigenes Logo in Angriff nehmen und es dann in den folgenden Kapiteln einsetzen. Oder Sie arbeiten mit den Dateien, die ich Ihnen zur Verfügung stelle und üben erstmal damit weiter. Wenn Sie sich dann etwas sicherer fühlen, entwerfen Sie Ihr eigenes Logo oder erstmal nur den Firmennamen in ansprechender Schrift und Farbe.

Wenn Sie also wieder hier einsteigen und ein eigenes Logo vorbereitet haben, sollten Sie bitte noch etwas tun. Zeigen Sie Ihren Freunden und Bekannten und Ihrer Familie das Ergebnis.

Leider muss ich das erwähnen, da es mir selbst anfangs genauso erging. Ich hatte mich so in die Technik vertieft, dass ich vollkommen das Gefühl für Farben und Design verloren hatte. Meine Ergebnisse waren zwar technisch brauchbar, doch das Ergebnis amateurhaft (wenn überhaupt).

Manchmal hilft es auch, das Design ein zwei Tage nicht zu betrachten und dann wieder aus der Schublade zu ziehen. Gefällt es Ihnen immer noch oder haben Sie ein komisches Gefühl in der Magengegend? Hören Sie auf Ihren Bauch! Sollte es da etwas grummeln, dann passiert das nicht ohne Grund. Irgendetwas ist an der Gestaltung nicht richtig.

Man muss in diesem Fall nicht ganz von vorne beginnen. Probieren Sie kleinere Veränderungen: Lassen Sie Dinge weg, nehmen eine andere Schrift oder Farbe.

Wenn wir uns also praktisch der Visitenkarte zuwenden, dann sollte das Logo stimmig sein. Ansonsten würden wir viele Arbeitsschritte doppelt machen müssen.

Also nochmal zum Abschluss: Halten Sie Ihr Logo so einfach wie möglich und benutzen nicht mehr als 3 Farben (lieber nur eine oder zwei); verzichten Sie auf Bilder und Verläufe.

Hier noch ein negatives Beispiel: Das Logo der FIFA für die WM 2006.

http://www.spiegel.de/sport/fussball/wm-2006-dieses-logo-geht-gar-nicht-wer-macht-s-besser-a-223554.html

Und der verkürzte Link:
htt://goo.gl/zCvNBm

Die Dateien zum Download des Logos „edvart" finden Sie hier:

http://buchgeschaeftsausstattung.edvart.de/downloads

Visitenkarte

Visitenkarten gibt es in verschiedenen Varianten. Einseitig, doppelseitig, aufklappbar, einfarbig oder mehrfarbig.

Wir wollen hier eine einfache Möglichkeit anhand eines Beispiels kennen lernen: Die einseitige Visitenkarte, farbig im Querformat.

Öffnen wir also unser Programm zum Layouten (InDesign, Scribus, QuarkXPress oder CorelDraw).
Übrigens kann man Visitenkarten auch mit Illustrator erstellen; man muss also noch nicht zu einem anderen Programm wechseln, wenn man noch in vertrauter Umgebung bleiben möchte.

Nun erstellen wir eine neue Datei mit den Abmessungen einer normalen Visitenkarte. Da ich davon ausgehe, dass Sie in Europa Ihr Geschäft eröffnen, wählen wir die entsprechend übliche Breite und Höhe von 85 auf 55 mm.

Breite	Höhe	Verwendet in:
85	55	Deutschland, Italien, Frankreich, Spanien, Schweiz, Niederlande, Österreich, Türkei
88,9	50,8	USA, England, Kanada (3½ × 2 inch)
90	55	Australien, Schweden, Norwegen, Dänemark
90	54	Hong Kong
90	50	Argentinien, Finnland, Russland, Ungarn, Polen, Rumänien
91	55	Japan

Bild 25: Abmessungen Visitenkarte

Visitenkarte mit InDesign

Wählen Sie im Menü den Eintrag „Datei"- „Neu" und „Dokument".

Im folgenden Dialogfenster gibt es einige Felder, deren Bedeutung wir alle kennen müssen. Wir gehen sie am besten Punkt für Punkt durch. Später werden wir diese Informationen immer wieder für unsere anderen Printprodukte benötigen. Also gut aufpassen.

Zuerst wählen wir aus der oberen Leiste das Medium aus, für das wir produzieren. In diesem Fall also Druck. InDesign wird nun Einheiten und Vorschläge auf dieser Basis vorbereiten.

In der rechten Spalte machen wir alle notwendigen Eintragungen unter der Überschrift „Vorgabendetails".

1. Unbenannt-1 oder eine andere Zahl kann geändert werden in einen frei wählbaren Text (optional). Es sollte mit dem Dokument zu tun haben und kann dann für später gespeichert werden. Klicken Sie aber erst auf das Speichern-Symbol (rechts, nach unten weisender Pfeil), wenn Sie alle unteren Felder fertig ausgefüllt haben.

2. Breite, Höhe und Maßeinheit (Pflicht). Je nach Medium wählt InDesign andere Einstellungen (Zum Beispiel Pixel statt Millimeter).

3. Ausrichtung (Pflicht): Entweder Hoch- oder Querformat. Drücken Sie auf den entsprechenden Taster.

4. Seitenanzahl (Pflicht): Sie wissen schon wie viele Seiten Ihr Dokument haben wird? Wunderbar, dann tragen Sie diesen Wert hier ein. Ansonsten lassen Sie die „1" stehen. Das Dokument kann selbstverständlich später um weitere Seiten ergänzt werden.
Wer eine Visitenkarte mit Vor- und Rückseite machen möchte, trägt hier also eine „2" ein. Ich wähle eine „1".

5. Anfangsnummer (Pflicht): Belassen Sie die „1". Es sei denn Sie wollen, dass Ihr Dokument mit einer höheren Seitenzahl beginnt. Normalerweise ist das nur für Profis gedacht, die mit Buchkapiteln und Abschnitten arbeiten.

6. Doppelseite (Pflicht): Entfernen Sie hier am besten den Haken. Nur wenn Sie mehrseitige Dokumente erzeugen (Broschüren, Romane) könnte es von Nutzen sein, den Haken zu setzen. Für uns aber nicht.

7. Primärer Textrahmen (optional): Simpel ausgedrückt: Mit Haken wird automatisch ein Textrahmen in Ihr neues Dokument gelegt. Ohne Haken müssen Sie diesen Rahmen von Hand erzeugen. Eigentlich steckt noch mehr dahinter, aber mehr müssen wir erstmal nicht wissen. Für die Visitenkarte ist der Haken unnötig.

8. Spalten und Spaltenabstand (optional). Diese Werte lassen wir erstmal unberücksichtigt. Wenn man später eine Seite mit Spalten versehen möchte, kann man das

hier definieren. Das lässt sich später aber immer noch an anderer Stelle ändern. Für eine Visitenkarte unwichtig.

9. Ränder, oben, unten, links und rechts oder außen und innen (optional): Wie in Microsoft Word werden hier die Seitenränder definiert. Bis zu diesem Rand wird der Text gesetzt. In InDesign kann man sich jedoch über diese Limitierung hinwegsetzen, da der Rand nur visuell angezeigt wird. Hat man einen primären Textrahmen aktiviert (Punkt 7), wird dieser genau innerhalb der Rahmenabstände erzeugt.

10. Anschnitt (Pflicht) und Infobereich (optional): Unter Anschnitt sollten Sie bei jedem Druckerzeugnis, welches von einer Druckerei ausgegeben werden soll, einen Wert von 3 mm eintragen. Auch hier bei unserer Visitenkarte. Der Anschnitt ist als Art Puffer gedacht und kommt zum Einsatz, wenn Sie Objekte oder Bilder an den Rand Ihres Dokumentes legen möchten (randabfallend genannt). Im Layout-Programm sollten Sie dieses Objekt bis an den Anschnitt-Rahmen heranführen; also 3 mm über den normalen Rand hinweg. Dies soll beim Zuschneiden des Druckerzeugnisses verhindern, dass ein schmaler weißer Rand entsteht, weil das Schneidebeil selten 100 Prozent genau arbeitet.

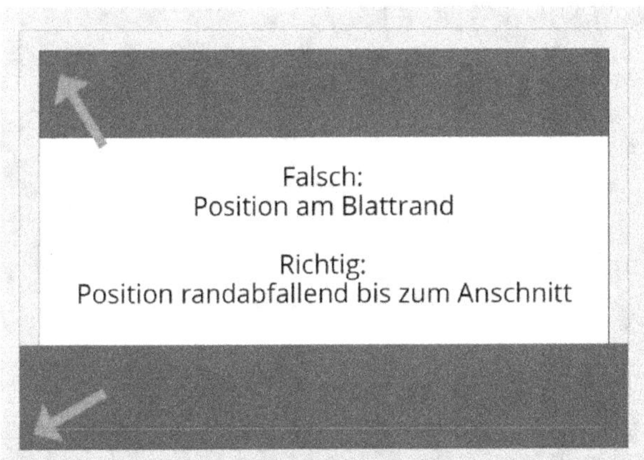

Bild 27: Objekt falsch und richtig bzw. randabfallend angeordnet

Falls Sie das Ganze als Dokumentvorgabe sichern wollen, klicken Sie jetzt wie unter (1) beschrieben. Ansonsten bestätigen Sie es mit „Erstellen" und wir können mit der Visitenkarte beginnen.

Genau wie Illustrator ist auch InDesign mit Fenstern, Werkzeugleiste und Menüleisten ausgestattet. Auf den ersten Blick kann man es fast verwechseln. Auch viele Werkzeuge kommen uns von Illustrator bekannt vor: Das Auswahl- oder Text-Werkzeug zum Beispiel.

Bevor wir mit dem Gestalten der Visitenkarte beginnen, nehmen Sie auch hier bitte erstmal Papier und Bleistift zur Hand. Tragen Sie dort die Abmessungen Ihrer Karte auf und fangen Sie an zu „scribblen".

Besonders wichtig sind auch die benötigten Zeilen und Spalten für Ihre Daten (Adresse, Telefon, Position, Website, E-Mail usw.). Es gibt etliche Möglichkeiten dafür. Hier sollten Sie sich durch Ausprobieren auf Papier an die optimale Möglichkeit herantasten.

Schauen Sie sich auch andere Beispiele im Internet an oder stöbern Sie in Ihrer Box mit Karten von Ihren Geschäftspartnern. Holen Sie sich Anregungen und Ideen! Und auch hier gilt: Je einfacher desto besser. Versuchen Sie bitte nicht witzig zu sein mit zusätzlichen Bildern oder Cartoons (es sei denn Sie sind Komödiant oder Clown).

Beschränken Sie sich auf das wesentliche:

- Firma (oder nur Name),
- Name,
- Anschrift,
- Telekommunikations-Daten (Telefon, Telefax, Mobilfunk-Nummer, E-Mail, Website),
- Logo und
- optional: Objekte als Hintergrund zur optischen Auflockerung (blauer Balken am oberen Rand oder Trennlinie zum Beispiel).

Text schreiben und formatieren

Nachdem Sie also für sich geklärt haben, an welcher Stelle welche Informationen auf der Karte stehen sollen, fangen wir damit an, in InDesign den ersten Textrahmen dafür zu erstellen.

Wählen Sie aus der Werkzeugleiste links das Textwerkzeug (T). Ziehen Sie jetzt mit der Maus einen Rahmen auf, der in etwa dem Textfeld entsprechen soll, wo der Inhalt hingehört.

Nun erscheint eine kleine Box mit Anfasserpunkten und oben links einer Einfügemarke, die anzeigt, dass man nun schreiben kann. Fangen Sie an Ihre Angaben einzutragen.

Als nächstes müssen wir die Schriftart und –Größe anpassen. Markieren Sie Ihren Text und wählen oben aus der Steuerungsleiste Ihre gewünschte Schriftfamilie aus. In unserem Beispiel ist es die „Open Sans". Die Schriftgröße sollte noch lesbar sein, aber auch nicht zu groß. Ich empfehle zwischen 8 und 11 Punkt; der größere Wert für Ihren Namen und oder die Firma.

Im Zweifelsfall drucken Sie das Ergebnis aus; Sie werden schnell feststellen, ob es die richtigen Proportionen hat und zur Größe der Visitenkarte passt.

Sollte der Textrahmen zu klein geraten sein, wird der Inhalt, der nicht mehr hineinpasst ausgeblendet. Sie erkennen das an einem kleinen roten Kreuz unten rechts im Textrahmen. Nehmen Sie das Auswahlwerkzeug (schwarzer Pfeil aus der Werkzeugleiste), klicken auf den Textrahmen und gehen dann mit der Maus an den unteren Rahmen zu einem der kleinen weißen Kästchen bis ein Doppelpfeil erscheint. Nun können Sie die Größe der Box anpassen. Auf diese Art können Sie auch die Position des Textrahmens verändern. Wer mit der Maus nicht zurechtkommt, kann auch die Pfeiltasten der Tastatur verwenden.

Eine exakte Positionierung und Korrektur der Größe ist zusätzlich über das Info-Fenster oder die Steuerungsleiste von InDesign möglich. Klicken Sie mit dem schwarzen Pfeil auf den Textrahmen und werfen einen Blick nach oben links in die

Steuerungsleiste. Dort sehen Sie Angaben zu X und Y sowie der Breite und Höhe. Normalerweise sind X und Y die Koordinaten ausgehend vom oberen linken Blattrand. Breite und Höhe bezieht sich auf die Abmessungen des Textrahmens (und nicht auf die Blattgröße).

Wenn Sie die Inhalte an verschiedenen Stellen haben möchten und nicht alles untereinander, dann erstellen Sie am besten für jeden Textblock einen separaten Textrahmen. So können Sie alles bequem an die von Ihnen gewünschte Position bringen. Vergessen Sie in dem Fall nicht zu kontrollieren, ob gegenüberliegende Text-Boxen auf gleicher Höhe sind.

Abstände zwischen den Absätzen ändern

Es kann vorkommen, dass nach dem Drücken der Enter-/Eingabe-Taste für den nächsten Absatz, der Abstand zu groß oder zu klein ist. Oft behilft man sich damit, dass man die Taste erneut klickt und einen leeren Absatz als Abstandshalter erzeugt.

Professioneller ist es, den Abstand nach einem Absatz durch einen eigenen Wert festzulegen.

Wenn Sie gerade mit dem Textwerkzeug schreiben, hat die Steuerungsleiste (oben waagerecht) am linken Ende zwei kleine Zeichen, die man anklicken kann. Ein „A" und ein spiegelverkehrtes „P". Klicken Sie das „P" an und Sie sehen Steuerungsmöglichkeiten für den Absatz, in dem Sie sich gerade befinden. Ein Feld bestimmt den Abstand nach unten. Tragen Sie dort den passenden Wert ein bzw. probieren Sie solange bis es für Sie optisch passt.

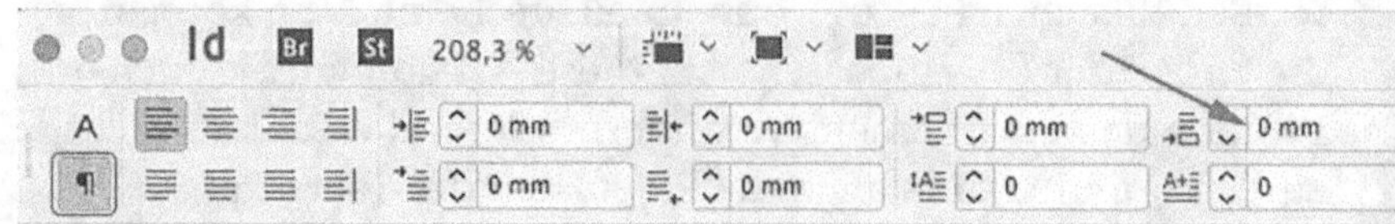

Bild 28: Abstand nach einem Absatz

Farbe des Textes ändern

Normalerweise ist in InDesign die Farbe des Textes auf Schwarz eingestellt. Für einen längeren Text ist das auch vollkommen in Ordnung. Wenn man allerdings ein gestalterisches Element wie eine Visitenkarte entwirft, ist es ratsam das starke Schwarz etwas abzumildern. Ansonsten könnte die Karte etwas aggressiv oder billig wirken. Ganz besonders die Überschrift bzw. die größer gesetzte Schrift sollte etwas abgemildert werden.

Markieren Sie dafür den Text, der ein schwächeres Schwarz bekommen soll (Textwerkzeug anwählen, in den Text klicken und mit gedrückter Maustaste drüberfahren – wie in Word). Öffnen Sie das Fenster „Farbfelder" (Menü: „Fenster" – „Farbfelder").

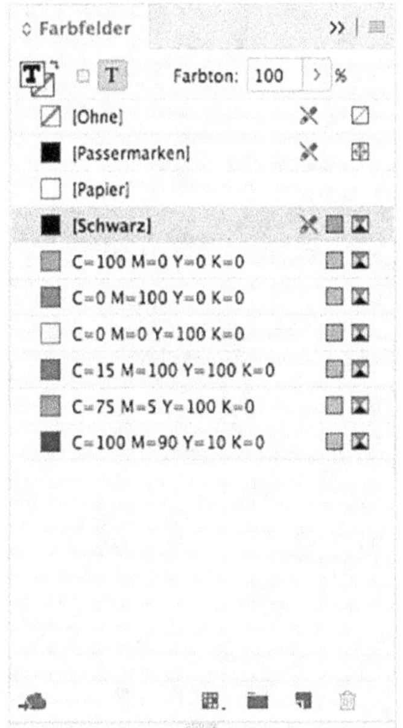

Bild 29: Farbfelder für Schrift

Oben rechts ist ein Eingabefeld für den Farbton mit dem Wert 100%. Diesen können Sie verringern zum Beispiel auf 80% oder 90%. So erhalten Sie als Ergebnis ein dunkles Grau. Bitte versuchen Sie nicht ein Grau aus anderen Farben zu mischen – dies ist der gängige Weg im Desktop-Publishing.

Wie Sie in dem Fenster „Farbfelder" erkennen können, gibt es im unteren Teil auch noch andere Farben, die man für die Textfarbe einsetzen kann. Probieren Sie es ruhig aus! Für den

Einsatz auf der Visitenkarte wäre ich allerdings vorsichtig. Die Schriftfarbe muss zu Ihrem Thema bzw. Geschäftsfeld passen.

Falls sich bei der Farbänderung kein Erfolg einstellt und die Farbe des Textes sich gar nicht ändert, achten Sie bitte darauf, ob wirklich das kleine „T" angeklickt ist. Andernfalls ist das kleine Kästchen daneben aktiviert und es wird versucht ein Objekt farblich zu ändern.

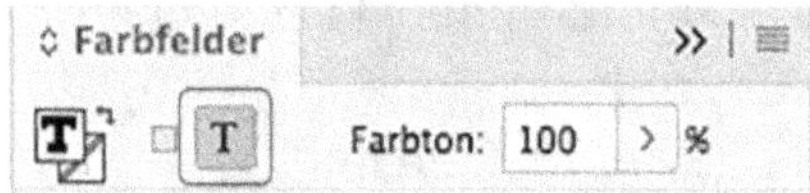

Bild 30: aktiviertes T für Text-Farben

Logo einfügen

Egal ob es sich beim Logo wirklich um die Wortbildmarke oder nur den Firmennamen handelt, welches Sie in Illustrator entworfen haben, Sie müssen es irgendwie in Ihr Dokument bekommen.

Benutzen Sie dafür aber auf keinen Fall die Kopieren-Einfügen-Methode. Wählen Sie stattdessen im Menü „Datei" – den Eintrag „Platzieren". Damit wirklich nichts Unvorhergesehenes passiert, klicken Sie sicherheitshalber vorher mit dem schwarzen Pfeil neben die Visitenkarte, damit das Logo nicht versehentlich in den Text platziert wird.

Im folgenden Dialog-Fenster suchen Sie aus Ihrem Dateibaum das Illustrator-Dokument. Bestätigen Sie mit OK und warten ab bis unter Ihrer Maus eine kleine Vorschau des Logos erscheint.

Klicken Sie nun an die Position, wo Sie Ihr Logo auf der Karte platziert haben möchten.

Vermutlich wird die Größe und Position des importierten Objektes nicht passen, sodass wir gezwungen sind, Anpassungen vorzunehmen. Wählen Sie dafür den schwarzen Pfeil aus der Werkzeugleiste und klicken das Logo an (bis es einen sichtbaren Rahmen mit kleinen Quadraten hat). Über die Quadrate können Sie Breite und Höhe ändern.

Doch Vorsicht, dadurch wird nicht die Größe des Objektes

verändert, sondern nur die Abmessungen. Für die Größenänderung benutzen Sie am besten die Steuerungsleiste (horizontale Leiste oben).

Wenn das Logo angeklickt ist, können Sie in der Leiste die Werte für Breite und Höhe ablesen und ändern. Bevor Sie Anpassungen vornehmen aktivieren Sie bitte noch die Option „Breite und Höhe proportional anpassen", in dem Sie auf das Kettenglied rechts neben den Größen-Feldern klicken.

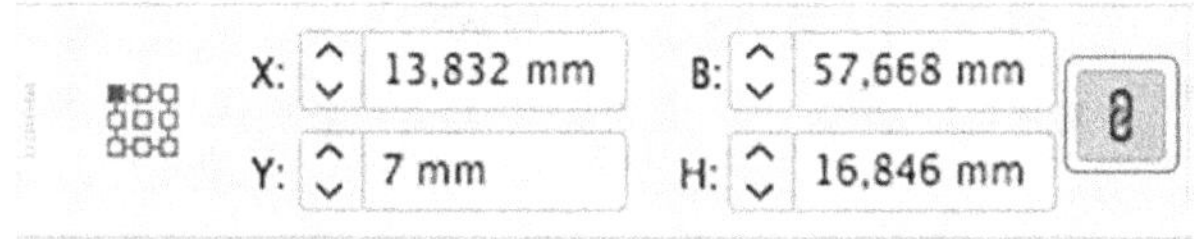

Bild 31: Proportionen erhalten durch aktiviertes Kettenglied

Die Größenänderung mit der Maus ist etwas komplizierter, da mehrere Tasten gleichzeitig gedrückt werden müssen:

1. Klicken Sie mit dem schwarzen Pfeil das Objekt an.
2. Gehen Sie mit der Maus an einen der Eckpunkte bis ein diagonaler Doppelpfeil erscheint.
3. Drücken Sie „STRG" und „Shift" bzw. „Umschalt" gleichzeitig und halten Sie diese gedrückt.
4. Verschieben Sie mit gedrückter Maustaste den Eckpunkt nach innen (zum Verkleinern) oder nach Außen (zum Vergrößern).
5. Lassen Sie die Maustaste los und dann die Tasten der Tastatur.

Die Position des Logos zu verändern geht am besten über die Pfeiltasten der Tastatur. Natürlich kann man auch den schwarzen Pfeil wählen und das Objekt direkt mit der Maus verschieben.

Genau wie in Illustrator kann man in InDesign Formen zeichnen. Wir wollen hier zum Abschluss noch mit einem grauen Rechteck die Visitenkarte in zwei Bereiche gliedern.

Wählen Sie aus der Werkzeugleiste das Rechteck-Werkzeug (Taste M ruft es direkt auf) und ziehen Sie mit gedrückter Maustaste einen Rahmen über Ihrer Visitenkarte auf. Anschließend können Sie wie beim Logo die Lage und Größe mit dem schwarzen Pfeil anpassen. Achten Sie darauf, dass der Rand des Objektes bis an die rote Linie des Anschnittes reicht! Die Farbe vom Rechteck können Sie wieder über die Farbpalette ändern. Diesmal muss allerdings das kleine „Quadrat" oben in der Palette angeklickt sein und nicht das kleine „T".

Wie Sie vermutlich feststellen werden, ist nun der Text unterhalb des Rechteckes verschwunden. Sie müssen also das Rechteck „nach hinten legen". Klicken Sie dafür das Objekt an und rufen im Menü „Objekt" – „Anordnen" – „in den Hintergrund" auf. Nun liegen die Textboxen wieder oberhalb des farbigen Rechtecks.

Bild 32: Fertige Visitenkarte mit sichtbaren Objektkanten und Anschnitt

Sie können das Rechteck auch in der kompletten Größe der Visitenkarte anlegen (inklusive Anschnitt). So erhalten Sie eine farbige Visitenkarte.

Vorschau des Ergebnisses durch die richtige Ansicht

Bei der Beurteilung des Ergebnisses wird Ihnen der Rahmen der einzelnen Objekte einen Strich durch die Rechnung machen.

Viel schöner wäre es doch, das wirkliche Resultat zu sehen!
Drücken Sie dafür die Taste „W" (aber nicht, wenn Sie im
Textmodus sind, wechseln Sie vorher am besten zum
schwarzen Pfeil).

Alternativ klicken Sie auf das letzte Zeichen in der
Werkzeugleiste und halten die Maustaste gedrückt. Dort
können Sie aus verschiedenen Ansichts-Modi wählen. Mit
„Vorschau" erhalten Sie dasselbe Ergebnis wie mit der Taste
„W".
Über das Menü „Ansicht" – „Bildschirmmodus" – „Vorschau"
kommen Sie auch ans Ziel.

Visitenkarte für den Druck vorbereiten

Online-Druckereien verlangen für den Druck in der Regel eine
PDF-Datei. Wenn Sie mit Ihrer Visitenkarte zufrieden sind,
gehen Sie in die obere Menüleiste und rufen „Datei" –
„Exportieren" auf. Unter Format (unten links im Dialogfenster)
wählen Sie „PDF (Druck). Nun erscheint ein umfangreiches
Menü mit vielen Einstellungen zur PDF-Erstellung. Wählen Sie
als erstes im oberen Drop-Down-Menü PDF-Vorgabe „PDF/X-
3:2008" aus. In der linken Spalte klicken Sie auf „Marken und
Anschnitt" und setzen einen Haken bei „Anschnittmarken"
und „Anschnittseinstellungen des Dokuments verwenden".

Anmerkung: Die Auswahl PDF/X-3:2008 ist je nach InDesign-
Version nicht vorhanden oder durch eine neuere/andere
Jahreszahl ersetzt. Wählen Sie hier die neueste Variante oder
sprechen mit Ihrer Druckerei. Und: Sobald Sie weitere
Änderungen vornehmen (wie das Setzen der
Anschnittsmarken) wird in Klammern „geändert" hinzugefügt.
Das ist normal und kein Fehler.

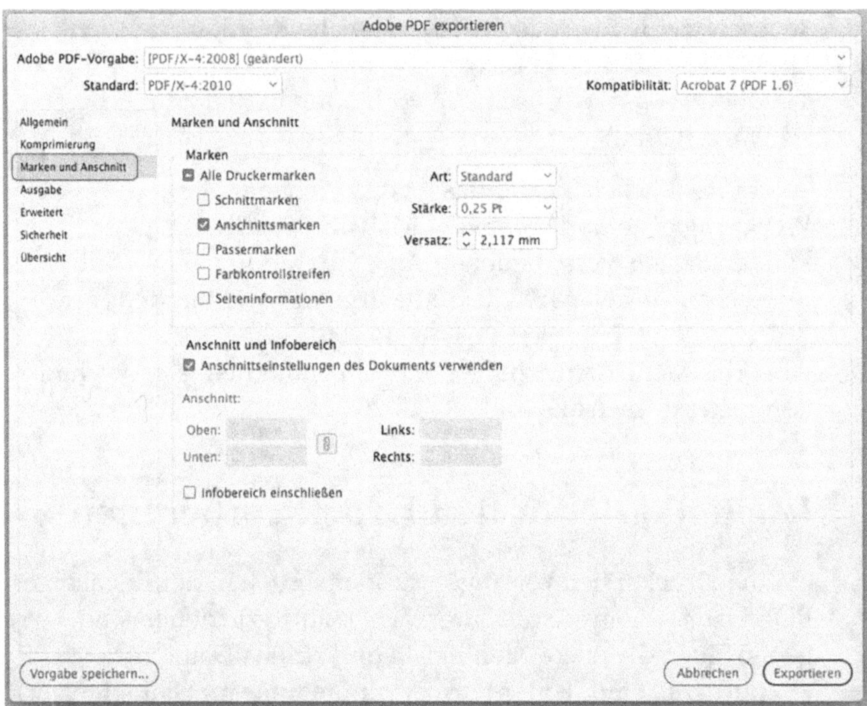

Bild 33: PDF-Export Anschnitt

Nun klicken Sie unten rechts auf „Exportieren".

Es ist gut möglich, dass Ihre Druckerei ein eigenes PDF-Profil zur Verfügung stellt. Laden und installieren Sie dies. Sie können es dann unter „PDF-Vorgabe" anstelle von „PDF/X-3:2008" benutzen.

Manche Druckereien verlangen auch, dass Schriften vorher in Pfade umgewandelt werden sollen. Klicken Sie dafür die Textboxen einzeln an und wählen jeweils im Menü „Schrift" – „In Pfade umwandeln". Achten Sie darauf Ihr Dokument vorher unter einem anderen Namen zu speichern, ansonsten gehen alle Text-Informationen verloren. Sie können dann keine Änderungen am Text mehr vornehmen. Am Ende haben Sie zwei InDesign-Dateien: Eine mit normalem Text und eine ohne Text nur mit Objekten.

Es kann auch vorkommen, dass Sie mit einer lokalen Druckerei zusammenarbeiten und diese mit der InDesign-Datei zufrieden ist und kein PDF benötigt. Dafür reicht es jedoch nicht, lediglich die Datei weiterzugeben. Sie müssen auch die benutzten Bilder, Grafiken und Schriften sammeln.

Am einfachsten geht das über die InDesign-Funktion „Verpacken" (im Menü „Datei"). Im nächsten Fenster können Sie alles so lassen und klicken dann unten rechts auf „Verpacken". Unter Druckanleitung können Sie Ihre Daten hinterlassen und dann vergeben Sie einen Namen für den Ordner, in dem alles hineingelegt werden soll. Setzen Sie nun noch einen Haken bei „Schriftarten kopieren" und bei „IDML". Letzteres ist ein Austausch-Dateiformat für ältere InDesign-Versionen.

Klicken Sie nochmal auf Verpacken und alles wird automatisch in den neuen Ordner gelegt. Mit diesem wird Ihre Druckerei kein Problem haben.

Auch das Download-Material, was ich Ihnen auf http://buchgeschaeftsausstattung.edvart.de/downloads bereit stelle, wird auf diese Weise exportiert. Achten Sie darauf, dass Sie vor dem Öffnen der InDesign- oder Illustrator-Datei, die Schriften aus dem Ordner „Fonts" auf Ihrem Rechner installiert haben. Ansonsten kommt es zu verwirrenden Fehlermeldungen. Die Installation ist mit einem Doppelklick auf den Schriftennamen im Explorer erledigt.

Welche Papier-Sorte?

Wenn Sie auf der Website der Druckerei nach Visitenkarten schauen, werden Sie mit verschiedenen Begriffen konfrontiert. Zum Beispiel könnte eine Bezeichnung folgendermaßen lauten:

Visitenkarten 4/4- oder 4/0-farbig auf 300g Munken Lynx

Was bedeutet das genau?

Die Zahlen 4/4 und 4/0 stehen für Vor- und Rückseite und die Anzahl der Farben, die pro Seite benutzt werden. 4/4 bedeutet also, dass beide Seiten farbig gedruckt werden, 4/0 lediglich eine Seite so wie in unserem Beispiel. Damit sind auch die Druckkosten geringer. Vier Farben sind es übrigens durch den

Farbmodus CMYK (Cyan, Magenta, Yellow und Key bzw. Black).

Die Gramm-Angabe bezieht sich auf das Gewicht pro m² Papier. Je höher der Wert, desto fester und steifer ist es. Bei Briefpapier liegt der Wert zwischen 80 und 100 Gramm. Visitenkarten sollten deutlich dicker sein. 300 Gramm ist ein guter Wert.

„Munken Lynx" ist die Bezeichnung vom Hersteller und einer bestimmten Papiersorte.

Visitenkarte selber drucken

Es liegt natürlich nahe Visitenkarten auf dem eigenen Drucker selber zu drucken. Schließlich hat man als normaler PC-Nutzer alle digitalen Hilfsmittel dazu:

Den Rechner, die Software, das Ausgabegerät (Tintenstrahl- oder Laserdrucker) und das Ausgabemedium (Papier, Pappe, Visitenkartenpapier von speziellen Herstellern).

Für Visitenkarten im privaten Einsatz ist dies auch vertretbar – hier werden normalerweise keine Erwartungen an eine professionelle Visitenkarte gestellt. Denn: Selber gedruckte Visitenkarten können nicht an die Qualität heranreichen, die durch professionelle Druckmaschinen erreicht wird.

Nachteile des Selber-Druckens von Visitenkarten

Im schlimmsten Fall wurde die Visitenkarte selber an einem Tintenstrahldrucker gedruckt und die Tinte verschmiert beim ersten Kontakt mit dem etwas feuchtem Finger. Außerdem hält die Tinte dem UV-Licht nicht lange stand – sie vergilbt bzw. die Farben werden langsam blasser.

Dann gibt es noch Visitenkartenpapiere, die man über eine Perforation herauslösen muss – es bleibt also ein unsauberer Rand der Visitenkarte. Nicht wirklich ästhetisch.

Ein weiterer Nachteil liegt in der Handhabung des Ausdrucks. Liegt das Visitenkartenpapier nicht genau im Drucker, wird alles schief gedruckt und der gesamte Druck kann in den Müll. Dann kann es passieren, dass man das Papier falsch herum in den Drucker liegt und schon wieder kann man das Ergebnis gleich entsorgen.

Der letzte Nachteil ist nicht immer gegeben – hier hängt es von der Gestaltung der Visitenkarte ab, ob man Probleme bekommt: Wenn Sie nämlich Ihre Visitenkarte mit einem Bild versehen wollen, das bis zum Rand reicht, werden Sie es auf dem üblichen Visitenkartenpapier nicht drucken können.

Sie sind damit in der Gestaltung Ihrer Visitenkarte also sehr eingeschränkt.

Besser doch zur Online-Druckerei für den Visitenkarten-Druck?

Wenn Sie all die Nachteile des „Selber-Druckens" von Visitenkarten anschauen, werden Sie schnell feststellen, dass es angenehmer ist, einen Dienstleister für diesen Druck in Anspruch zu nehmen. Sei es eine Druckerei vor Ort oder eine Online-Druckerei. Die Preise für Visitenkarten sind mittlerweile so niedrig, dass es kaum noch Sinn macht, die Mühen des Selberdruckens in Kauf zu nehmen. 250 Stück bekommen Sie mittlerweile in Farbe für 10,- Euro!

Die letzte Alternative: Online im Browser

Mittlerweile gibt es einige Quellen im Internet, die es dem unerfahrenen Anwender ermöglichen, ohne eigene Software seine Visitenkarte zu erstellen. Wählen Sie eine Vorlage, die Ihnen gefällt, ändern Sie den Text und bestellen sofort in gewünschter Auflage und Papiersorte. Das alles zu einem guten Preis! Wer also ohne Software zur eigenen wertigen Visitenkarten kommen möchte, ist mit dieser Methode gut aufgehoben.

Hier ein paar Web-Adressen:

https://www.online-druck.biz/gestalten/visitenkarten.html

http://easyprint.com/de

https://www.freelogoservices.com/de/kostenlos-visitenkarten-entwerfen

Übrigens bieten manche Druckereien auch eigene Software zur Installation an, mit der man Visitenkarten am eigenen PC entwerfen kann.

Briefpapier

Nachdem wir schon die ersten Erfahrungen mit InDesign gemacht haben, ist die Erstellung des Briefpapiers mit diesem Programm ein Kinderspiel.

Erstellen Sie ein neues Dokument im DIN-A4-Format und stellen wie schon bei der Visitenkarte 3 Millimeter Anschnitt ein. Die Seitenränder können Sie mit oben 15, unten 35, links 25 und rechts 29 Millimeter definieren. Doppelseite und einen primären Textrahmen benötigen wir nicht.

Mit dem Textwerkzeug können Sie nun beliebig viele Text-Rahmen aufziehen für: Adress-Zeile für das Sichtfenster des Briefumschlages, Zusatztext zum Logo, Fußzeile und natürlich für den eigentlichen Text des Briefes.

Damit die Adress-Angabe in das Sichtfenster eines Briefumschlages passt, sollten Sie besonders auf die Position des Textfeldes achten. Diesen Text können Sie auch mit sehr kleiner Schrift schreiben, damit wirklich alles in das Sichtfenster hineinpasst.

Auf Nummer sicher gehen Sie, wenn Sie meine Beispiel-Datei herunterladen und innerhalb der vorgefertigten Textrahmen Ihren Anpassungen vornehmen. Das Logo und den beschreibenden Text müssen Sie natürlich austauschen.

http://buchgeschaeftsausstattung.edvart.de/downloads

Sie stellen sich jetzt vermutlich die Frage, ob Sie nun alle Briefe in InDesign schreiben müssen? Keine Sorge, Sie legen mit InDesign lediglich die Vorlage an, ohne Anschreibe-Text. Diese Vorlage exportieren Sie wie die Visitenkarte als PDF und lassen es von einer Online-Druckerei auf gutem Papier ausdrucken.

Dann haben Sie reguläres Briefpapier, welches Sie in den Drucker legen und mit Word bedrucken lassen. Es gibt übrigens hochwertige Laserdrucker mit mehreren Papierfächern. Da können Sie ein Fach für Briefe und Rechnungen anwählen und das andere für normale Ausdrucke. In das erstgenannte Fach legen Sie Ihr Briefpapier. Nach ein paar Versuchen werden Sie merken wie rum das Papier eingelegt werden muss.

In Word müssen Sie nur noch eine Blanko-Vorlage haben, in der das Adressfeld, Datum und das Anschreiben als Platzhalter stehen. Diese habe ich bereits vorbereitet. Sie können Sie auf der bekannten Seite herunterladen.

http://buchgeschaeftsausstattung.edvart.de/downloads

Beim Ausfüllen der Word-Datei achten Sie darauf, nicht die gleiche Schriftart zu verwenden wie in der Gestaltung vom Logo und der Visitenkarte. Der Haupttext und die restlichen Textrahmen können ruhig in einer normalen Serifen-Schrift gesetzt werden; Times New Roman, Adobe Garamond oder Book Antiqua sind eine gute Wahl. Die Schriftgröße sollte nicht größer als 11 Punkt sein, ansonsten wirkt der Ausdruck zu groß.

Herzlichen Glückwunsch! Die Grundlage der analogen Geschäftsausstattung ist nun fertig.

Flyer sind ja eher optional; doch spätestens, wenn Sie auf Messen mit einem eigenen Stand vertreten sind, sollte ein Flyer zum Mitnehmen oder Verteilen selbstverständlich sein. Wie Sie den am schnellsten erstellen erfahren Sie im nächsten Kapitel.

Flyer

Bisher haben wir vorwiegend Texte geschrieben und ein paar kleinere Objekte zu einem Logo verarbeitet. Bei den Flyern aber kommen wir um Bilder nicht mehr herum. Wir müssen also lernen wie man in Photoshop Fotos bearbeitet, um sie dann in InDesign zu platzieren.

Anmerkung: Wem Photoshop zu teuer ist, kann auch mit Photoshop Elements (für etwa 90,- Euro) oder Gimp (kostenlos) arbeiten.

Fangen wir aber erstmal damit an, ein Dokument zu erzeugen, welches für einen Flyer geeignet ist. Normales DIN A4 würde ich dafür nicht empfehlen. Nehmen Sie entweder den Flyer „DIN lang" oder ein sogenanntes „Leporello". Letzteres ist ein DIN-A4-Blatt, welches zweimal gefaltet wird und so 6 schmale Seiten zur Befüllung anbietet (3 vorne, 3 hinten). Die Erstellung ist etwas komplizierter, daher konstruieren wir eine einfachere Flyer-Version, den „DIN lang Flyer". Trotzdem stelle ich am Ende des Kapitels eine InDesign-Vorlage für ein Leporello ebenfalls zum Download zur Verfügung.

DIN lang entspricht in etwa einem Drittel vom DIN A4 Format: 210 x 105 Millimeter (Höhe mal Breite).

Legen Sie ein neues Dokument in dieser Größe in InDesign an. Vergessen Sie auch hier die Schnittmarken von 3 Millimeter nicht. Die Ränder können Sie auf „0" stellen; Doppelseite und primären Textrahmen deaktivieren Sie. Da wir Vor- und Rückseite bedrucken wollen, tragen Sie bei Seitenzahl „2" ein.

Bevor Sie nun die Textrahmen erzeugen und mit Inhalten füllen, überlegen Sie an welche Stelle des Flyers die verschiedenen Informationen stehen sollen. Nehmen Sie auch hier ein Blatt Papier und skizzieren Sie grob, wo alles stehen soll.

Kleiner Tipp: Text können Sie gut mit gezeichneten parallelen Linien darstellen; ein Bild mit einem Rechteck und einem Kreuz drin (diagonal von einer Ecke zur anderen).

Machen Sie sich auch Notizen, was Sie alles auf den Flyer

unterbringen wollen (Firmen-Infos, Produkte, Ansprechpartner, Kontaktdaten, Adressen, Website usw.). Wenn Sie unsicher sind, nehmen Sie Flyer der Konkurrenz zur Hand. Was möchten Sie davon übernehmen, was gefällt Ihnen gar nicht?

Was Sie auf jeden Fall auf Ihrem Flyer benötigen, sind Bilder (mindestens eines). Dieses könnten Sie einfach mit über „Datei" – „Platzieren" in Ihren Flyer integrieren, doch vorher sollten Sie die Bild-Datei unbedingt noch in Photoshop für die Ansprüche im Druck anpassen.

Bilder bearbeiten mit Photoshop

Öffnen Sie mit Photoshop eines Ihrer Fotos, welches Sie im Flyer benutzen wollen (Menü „Datei" – „Öffnen"). Zuerst überprüfen wir, ob das Bild die richtige Auflösung hat. Gehen Sie dafür in das Menü „Bild" – „Bildgröße". Im nächsten Fenster erkennen Sie die Abmessungen des Bildes und die benutzte Auflösung. Meistens verwendet Photoshop unter „Maße" die Einheit Pixel. Stellen Sie diese um auf Millimeter oder Zentimeter und Sie können erkennen in welcher Größe Sie das Foto im Druck benutzen können.

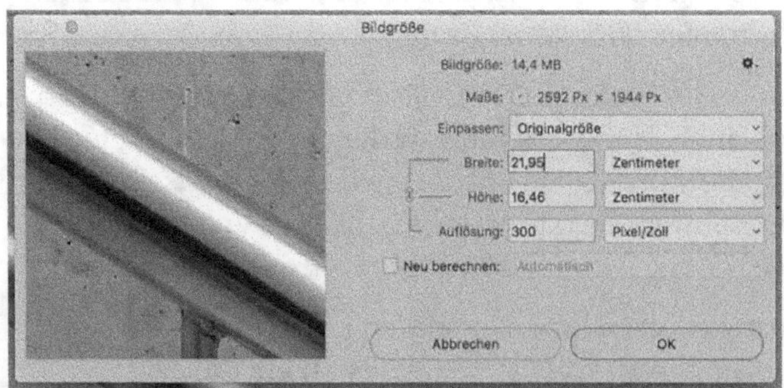

Bild 34: Bildgröße in Photoshop

Doch Vorsicht, bevor Sie sich blind darauf verlassen, werfen Sie noch einen Blick in das Feld „Auflösung".

Dieser Wert wird auch DPI genannt (Dots per Inch). Er gibt an wie viele Bildpunkte auf einem Inch (=2,54 cm) im Druck benutzt werden sollen. Ist dieser Wert hoch werden die

Bildpunkte kleiner, damit sie in die 2,54 cm „hineinpassen". Ist der Wert geringer, werden die Punkte größer und im schlimmsten Fall so groß, dass der Betrachter die einzelnen Punkte als kleine Quadrate erkennen kann (der sogenannte Pixel-Effekt). Um auf Nummer sicher zu gehen, sollten Sie eine Auflösung von 300 eintragen.

Und noch einmal Vorsicht! Bevor Sie das tun, muss der Haken bei „Neu berechnen" entfernt werden. Ansonsten würde Photoshop bei einer Erhöhung die fehlenden Pixel hinzurechnen. Das führt immer zu schlechten Ergebnissen.

Hier die richtige Reihenfolge:

1. Haken bei „Neu berechnen" entfernen,
2. 300 DPI eintragen und
3. mit OK bestätigen.

Sie haben nun ein Bild in der richtigen Auflösung vorliegen. Vielleicht ist es noch ein wenig zu groß bzw. zeigt Inhalte am Rand, die wir gar nicht im Flyer haben möchten. Doch die Bildabmessungen können wir noch in InDesign ändern.

Vermutlich wird aber eher das Gegenteil zutreffen: Das Bild ist von den Abmessungen bei 300 DPI viel kleiner als erwartet. In diesem Fall sollte man das Einsatzgebiet nochmal überdenken und nach einem anderen Foto suchen.

Nach der Umstellung der DPI-Angabe kann es auch vorkommen, dass die Abmessungen zu groß für den Flyer sind. Dann sollte man natürlich die Größe verkleinern.

Rufen Sie dafür auch das Bildgrößen-Menü auf und:

1. setzen den Haken bei „Neu berechnen",
2. tragen bei Auflösung 300 ein (wenn nicht schon geschehen),
3. wählen aus dem Dropdown-Menü „Bikubisch schärfer (Verkleinerung)",
4. stellen bei Breite und Höhe die Einheit auf Millimeter,
5. geben die gewünschte Breite ein (die Höhe passt sich automatisch an) und
6. bestätigen mit OK.

Nun könnten Sie diese Datei noch für den Druck in das entsprechende CMYK-Profil überführen. Doch da der PDF-Export für uns diese Umwandlung automatisch in InDesign erledigt, ist dieser Schritt unnötig.

Nur wer selbst kontrollieren möchte wie eine Umwandlung später aussieht und dann noch Änderungen daran vornehmen will, kann das tun. Aber: Für diese Schritte benötigen Sie einen farbkalibrierten Monitor. Dieser ist teuer und eine Kalibrierung nicht trivial. Er sorgt dafür, dass die dargestellten Farben auch wirklich den Farben im Druck entsprechen.

Jedenfalls ist die Farbumwandlung immer mit Farbverlust verbunden, da mit CMYK weniger Farben erzeugt werden können wie mit RGB. Sollten Sie also dennoch eine Umwandlung vornehmen wollen, speichern Sie anschließend die Datei noch unter einem anderen Namen, damit Sie das RGB-Original nicht verlieren!

Bild speichern

Jeder kennt das Dateiformat „JPG". Vermutlich liegt Ihre bearbeitete Bilddatei auch in diesem Format vor. Für den Anfang ist das auch in Ordnung, da die Datei nur sehr wenig Speicherplatz benötigt.

Doch wenn Sie JPGs mehrmals hintereinander öffnen, jeweils kleine Änderungen vornehmen und wieder als JPG speichern, wird die Qualität des Fotos abnehmen.

Das liegt daran, dass ein JPG selbst bei größtmöglicher Qualitätsstufe **nicht verlustfrei** speichert.

Nachdem Sie Ihre Bilddatei also in Photoshop geöffnet und angepasst haben, wählen Sie im Menü „Datei" – „Speichern unter" das Dateiformat „TIF". Im unteren Teil finden Sie ein Dropdown-Menü, in dem Sie aus verschiedenen Formaten aussuchen können.

Es folgt ein Options-Fenster; dort können Sie alle Haken so belassen und mit „OK" bestätigen.

Natürlich können Sie auch das hauseigene „PSD"-Format

verwenden. Ich benutze dies allerdings nur für Kompositionen mit mehreren Ebenen und umfassenden Änderungen. Für den Druck wähle ich dann wieder ein „TIF".

Wie Sie feststellen werden, ist die Dateigröße nun fast 10 Mal so groß!

Wenn Sie das Bild nur für den internen Büro-Druck verwenden wollen, können Sie durchaus das „JPG" verwenden. Alternativ ginge auch ein „PNG", welches sogar verlustfrei ist. Da das „PNG" aber kein Farbprofil integrieren kann, ist es für den professionellen Druck ungeeignet.

Kleine Bildoptimierung (optional)

Wenn Sie Ihr Foto aus einem Bilderkatalog bezogen haben, sollte normalerweise die Helligkeit und der Kontrast des Bildes optimal sein. Falls das Material aber aus eigenen Quellen stammt, kann es nicht schaden durch einen leichten Eingriff, die Qualität zu verbessern.

Öffnen Sie Ihr Foto in Photoshop und rufen über das Menü „Fenster" - die „Korrekturen" auf. Nun klicken Sie auf das zweite Symbol in der ersten Reihe (es erscheint als Text: Tonwertkorrektur).

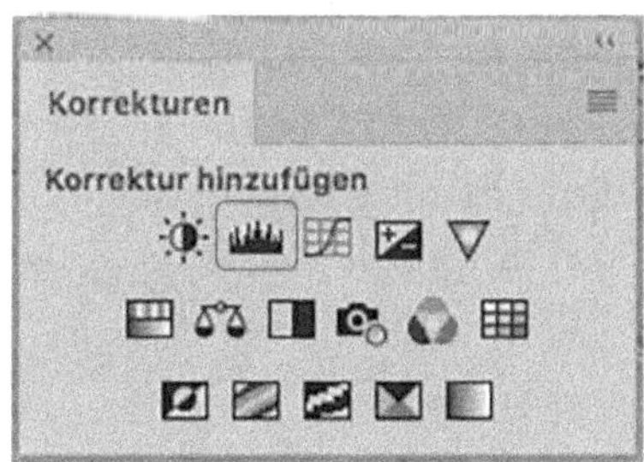

Bild 35: Tonwertkorrektur

Im nächsten Menü mit der Registerbeschriftung „Eigenschaften" sehen Sie viele Regler und Einstellmöglichkeiten. Beachten Sie diese gar nicht, sondern drücken nur auf den Schalter „Auto". Photoshop nimmt nun nach einem Algorithmus automatisch die beste Tonverteilung vor.

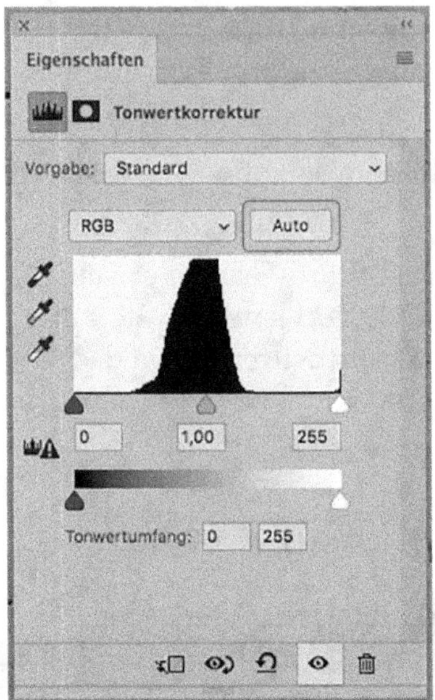

Bild 36: Auto-Funktion der Tonwertkorrektur

Die Helligkeit können Sie abschließend noch über den grauen Regler (ein kleines Dreieck mittig unterhalb der Kurve im Diagramm) steuern. Ziehen Sie ihn nach links oder rechts (heller – dunkler).

Es ist gut möglich, dass Sie mit der „Auto-Funktion" nicht zufrieden sind. In diesem Fall halten Sie die „Alt"-Taste der Tastatur gedrückt und klicken erneut auf „Auto". Nun erscheint ein Menü, über welches Sie die Feinjustierung der Auto-Funktion vornehmen können. Ich empfehle die Umstellung auf kanalweise Kontrastverbesserung und eine Beschneidung von 0,05 %.

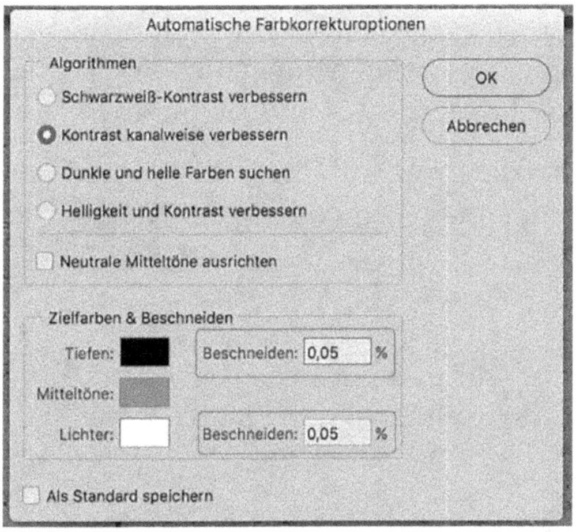

Bild 37: Automatische Farbkorrektur-Optionen

Da das Ergebnis sofort im Original sichtbar wird, kann man so lange ausprobieren, bis alles passt. Dann bestätigt man die Tonwertkorrektur-Optionen mit „OK".

Wenn alle Optimierungen fertig sind, speichern Sie Ihr Foto einmal im „PSD"-Format und für den Druck noch als „TIF". Da Photoshop für die Anpassung eine neue Ebene erstellt hat, ist die Datei nun viel größer als vorher. Für den Druck ist das eher störend, da wir lieber kleine Dateimengen weitergeben möchten. Daher wählen Sie bei den TIF-Optionen die Options-Box ganz unten rechts „Ebenen verwerfen und eine Kopie speichern" (unter der Rubrik Ebenenkomprimierung).

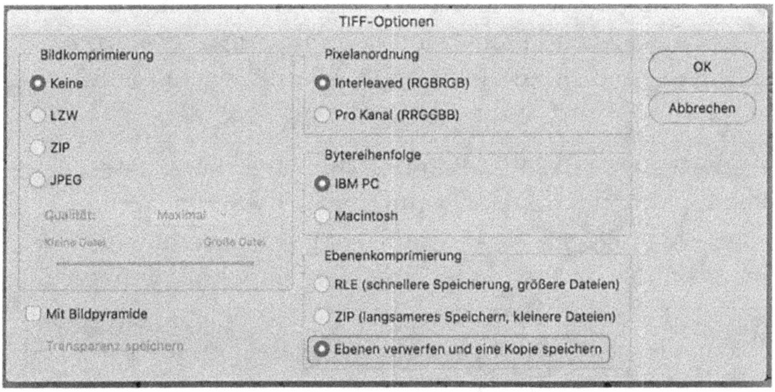

Bild 38: Tiff-Optionen

Bravo, damit haben Sie einen professionellen Schritt hin zu einem besseren Bild gemacht. Die Laien nehmen den Regler für Helligkeit und Kontrast, die Profis die Tonwertkorrektur.

Wenn Sie mehr über Bildoptimierung mit Photoshop lernen wollen, empfehle ich Ihnen meinen kleinen Ratgeber, den es auch bei Amazon gibt:

http://amzn.to/2kjl1Uv

Unser Bild ist nun vorbereitet für den Einsatz in InDesign. Im nächsten Schritt platzieren wir es in unserem Flyer.

Bild platzieren und anpassen

Wie wir bei der Visitenkarte schon gelernt haben, setzen wir ein Bild über „Platzieren" in unser Dokument. Klicken Sie am besten außerhalb des Flyers mit dem schwarzen Pfeil und rufen dann diese Funktion auf. Eine kleine Vorschau des Bildes hängt nun unter Ihrem Mauszeiger. Klicken Sie dorthin, wo das Foto in etwa landen soll.

Jetzt können Sie es mit dem schwarzen Pfeil in die genaue Position setzen oder Sie nehmen die Pfeiltasten der Tastatur.

Alternativ können Sie auch vor dem oben beschriebenen Platzier-Vorgang mit dem „Rechteck-Rahmen"-Werkzeug (Taste F) einen Rahmen als Platzhalter für das Bild im Flyer erzeugen. Bringen Sie diesen in die richtige Position und Größe, lassen ihn aktiviert (die Rahmenlinien und Anfasser-Punkte sind sichtbar) und rufen die Platzieren-Funktion auf. Nun landet Ihr Foto direkt in diesem Rahmen.

Die Abmessungen des Bildes ändern Sie über die Anfasser-Punkte am Rahmen des Bildes mit dem schwarzen Pfeil. Möchten Sie hingegen die Position des Fotos innerhalb des Rahmens ändern, wechseln Sie das Werkzeug und nehmen den weißen Pfeil aus der Werkzeugleiste, das Direktauswahl-Werkzeug (Taste A). Wenn Sie mit der Maus nun über dem Bild stehen, wechselt das Zeichen zu einem Hand-Symbol. Mit gedrückter Maustaste lässt sich nun das Bild innerhalb des Bildrahmens verschieben.

Letzte Anpassungen

Vermutlich steht das Bild nun über dem Text oder andere Dinge überlappen sich. Klicken Sie die entsprechende (Text-, Bild, oder Objekt-) Box mit der rechten Maustaste an und suchen im Kontext-Menü nach „Anordnen". Dort können Sie eine Verlagerung in den Hintergrund oder Vordergrund vornehmen.

Achten Sie auch darauf, dass Bilder über den Rand bis an den Anschnitt herangelegt werden.

Nun können Sie wie die Visitenkarte und das Briefpapier die Export-Funktion von InDesign verwenden, um Ihren Flyer als PDF für den Druck vorzubereiten.

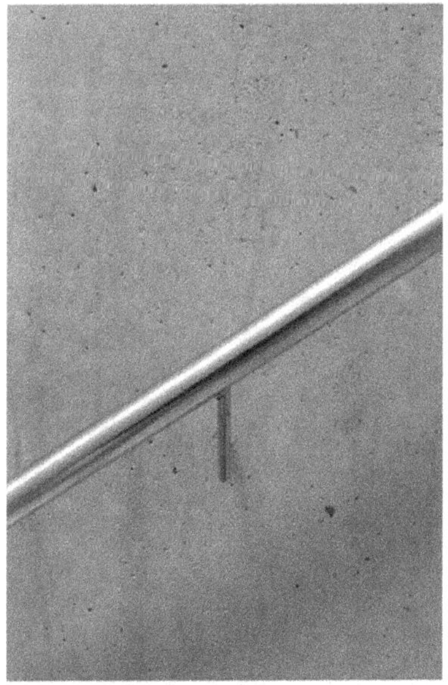

Bild 39: Fertiger Flyer

Letzter Ausweg: Wieder hilft das Internet

Genau wie bei der Visitenkarte kann man auch bei der Flyer-Gestaltung auf Websites zurückgreifen, die das Handwerkzeug und Vorlagen bereitstellen:

https://flinq.de/flyer-gratis-gestalten.html (leider nur DIN A4, A5)

https://www.canva.com/de_de/erstellen/flyer/ (auch mit iPad-App)

Allgemeine Tipps zu Adobe-Programmen

Sollten Sie nicht weiterkommen oder sich verrannt haben, drücken Sie solange „strg" + „z" auf der Tastatur bis Sie wieder im richtigen Zustand sind. Über das Menü „Bearbeiten" – „Rückgängig" ist das auch möglich, nur ist das mehrfache Aufrufen lästig.

In Photoshop hingegen funktioniert dieser Befehl nur einmalig. Nehmen Sie stattdessen das „Protokoll" aus dem Menü „Fenster" – „Protokoll". Dort können Sie 20 Schritte in die Vergangenheit gehen. Auch über „strg" + „alt" + „z" kann man die letzten Schritte rückgängig machen.

Neu ist ab Version CC 2018 in Photoshop eine kleine Werkzeugvorschau in Form eines Filmes, der den Einsatz der jeweiligen Funktion erklären soll.

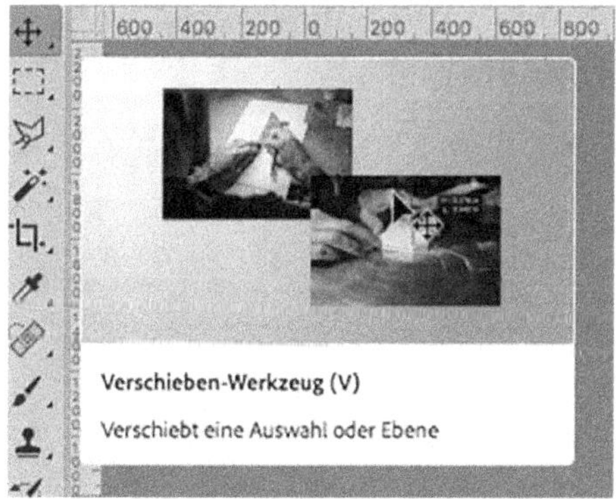

Bild 40: Video-Hinweis zur Erklärung des Werkzeugs in Photoshop

Wenn Sie in einem Menü mit den Schaltflächen „Abbrechen" und „OK" konfrontiert werden und Sie haben falsche Eingaben gemacht, können Sie die „Abbrechen"-Taste in eine „Zurück"-Taste umwandeln, in dem Sie mit gedrückter alt-Taste der Tastatur auf „Abbrechen" klicken. Diese wandelt sich dann entsprechend um.

Für alle Programme von Adobe gibt es sehr gute Video-Tutorial auf http://adobe.tv.

Auch Handbücher lassen sich als PDF herunterladen:

- http://helpx.adobe.com/de/pdf/photoshop_reference.pdf (Photoshop)

- http://helpx.adobe.com/de/pdf/indesign_reference.pdf (InDesign)

- https://helpx.adobe.com/de/pdf/illustrator_reference.pdf (Illustrator)

Wer Tastaturbefehle benutzt, wird sich über diese Sammlung freuen:

- http://download.macromedia.com/pub/learn/start/start_photoshop_cheatsheet.pdf (Photoshop)

- http://download.macromedia.com/pub/learn/start/start_illustrator_cheatsheet.pdf (Illustrator)

- http://download.macromedia.com/pub/learn/start/start_indesign_cheatsheet.pdf (InDesign)

Die eigene Website

Seien Sie sich darüber im Klaren, dass kein Weg mehr daran vorbeiführt, in irgendeiner Art im Netz auffindbar sein zu müssen. Ich habe zwar keine Statistiken zur Hand, aber ohne einen Internetauftritt, werden Sie es schwer haben als Unternehmensgründer erfolgreich zu sein. Selbst, wenn Kollegen oder die ersten Kunden Sie empfehlen sollten, wird ein Großteil der Interessenten über Sie im Internet lesen wollen, um sich ein Bild zu machen. Dabei geht es nicht nur um den inhaltlichen Teil, sondern wirklich um ein „Bild" von Ihnen. (Machen Sie sich deshalb unbedingt die Mühe und lassen sich professionell ablichten).

Um heute im Netz vertreten zu sein, gibt es zahlreiche Möglichkeiten.

- Unternehmens-Website,
- Unternehmens-Blog,
- Profil oder Unternehmensseite auf sozialen Kanälen (Facebook, Google+, Twitter, Pinterest, Instagram usw.),
- Blog auf wordpress.com,
- LinkedIn- oder Xing-Profil oder
- einer Sub-Website auf einer Handelsplattform (eBay, Amazon oder Dawanda).

Wie Sie sehen ist das Angebot ziemlich groß und für den Anfang schwer zu überblicken, welchen Weg man einschlagen soll.

Wie so oft kommt es darauf an…

Meine Empfehlung wird also immer anders ausfallen – je nachdem welche Branche Sie mit Ihrem Berufsprofil bedienen wollen, wieviel Geld und Zeit und Privatsphäre Sie opfern möchten und wie diszipliniert Sie sind.

Ganz schön abschreckend dieser letzte Absatz.

Doch es gibt auch positive Seiten: Noch nie war es so einfach wie heute, Menschen so schnell und günstig zu erreichen. Auch die technischen Möglichkeiten sind so weit vorangeschritten, dass es selbst Laien möglich ist, mit wenigen Schritten eine eigene Website zu erstellen.

Wie fangen wir am besten an? Wie ich schon geschrieben habe, ist ein Internet-Auftritt unabdinglich. Schon seit Beginn des Internetalters war eine eigene Website für Unternehmen das wichtigste Aushängeschild. Die sozialen Kanäle und Blogs kamen erst später hinzu. Mit einer normalen Website kann man also grundsätzlich nichts verkehrt machen.

Ein Internetauftritt kann in verschiedenem Umfang erstellt werden. Wie so oft ist weniger mehr.

Besucher Ihrer Website möchten nicht lange Texte über Sie lesen, sondern nur das wichtigste. Dazu zählen Referenzen, Ihr Lebenslauf, Ihre Produkte und Bilder davon (und Ihnen). Und natürlich möchten Sie mit Ihnen in Kontakt treten können über ein Formular, Telefon oder E-Mail.

Diese Information können in zweierlei Art umgesetzt werden. Eine normale Website mit einer Navigation (auch Menü genannt), die den Besucher zu den verschiedenen Unterseiten führt (Start, Referenzen, Kontakt, Produkte, Über mich). Mit Klick auf einen dieser Punkte, wird eine neue Seite aufgerufen (erkennbar an der anderen URL in der Leiste des Browsers).

Im Gegensatz dazu gibt eine zweite Variante, die sogenannte One-Page. Hier öffnet ein Klick in der Navigation keine neue Seite, sondern veranlasst den Browser auf der gleichen Seite weiter nach unten zu scrollen. Der Inhalt befindet sich also komplett auf einer Webseite und ist damit erheblich länger als normale Seiten.

One-Page-Seiten eignen sich besonders für Einzel-Unternehmer, die nur ein kleines Angebot haben (ein Produkt oder eine Dienstleistung). Lange Seiten haben den Vorteil, dass Google sie gegenüber kürzeren besser bewertet und rankt. Wenn die Seite allerdings zu viele unterschiedliche Themen aufweist, kann Google nur schwer eine Hauptkategorie zuordnen und das Ranking wird deutlich schlechter. Im letzten Fall sollte man also dringend eine normale Website bevorzugen.

Bevor wir im Detail erfahren wie man eine Website selbst
erstellt, möchte ich noch kurz die anderen Möglichkeiten
erläutern.

Unternehmens-Blog

Im Grunde genommen ist ein Blog ein Web-Tagebuch
(Wortkreuzung aus „Web" und „Log"). Anfangs war dies eine
Möglichkeit für Privatpersonen mit geringem technischen
Aufwand, Ihre privaten Erlebnisse online mitzuteilen. Es
entstand ein kleiner Hype darum und heute ist ein Blog aus der
Online-Welt nicht mehr wegzudenken.

Mittlerweile entstehen in der Geschäftswelt immer mehr
Zwitter-Websites: Eine normale Website mit einem
Navigationspunkt „Blog". In dieser Rubrik berichtet die Firma
also mehr oder weniger regelmäßig über die Geschehnisse im
Unternehmen und über relevanten Dinge aus der Branche.

Ich würde auch heute immer noch eher zu einer normalen
Unternehmens-Seite raten und deren Startseite mit kurzen
News füttern. Hier ist es nicht so dramatisch, wenn nicht jede
Woche über etwas Neues berichtet wird.

Wenn allerdings der Bereich „Blog" auf der Website nur
unregelmäßig gefüttert wird, macht dies einen schlechten
Eindruck.

Profil oder Unternehmensseite auf sozialen
Kanälen und Blog-Plattformen

Es gibt viele Kanäle, auf denen man sich tummeln kann:
Facebook, Twitter, Tumblr, Google+, Pinterest, WordPress
(nicht die Blog-Software, sondern die Blogplattform
wordpress.com) und viele andere. Und natürlich können Sie
dort auch ein Profil für sich und Ihr Unternehmen einrichten.
Doch beachten Sie, dass Sie mit diesen Einträgen selten auf den
ersten Plätzen einer Suchmaschine landen. Und selbst wenn, ist
es für einen Suchenden eher befremdlich, wenn er den ersten
Link über Sie anklickt und dann auf Facebook landet. Es wird

eben doch eine richtige Website erwartet (sollte Ihre Zielgruppe jünger sein, muss diese Erwartungshaltung nicht unbedingt zutreffen).

Ein weiterer Nachteil, der nicht sofort ersichtlich ist: Ihr Inhalt kann vom Anbieter der Plattform gesperrt werden oder Ihr Kanal sogar komplett geschlossen werden. Damit wäre Ihre Arbeit für immer verschwunden und umsonst. Dies ist tatsächlich schon manchem bekannten Blogger auf wordpress.com passiert. Auch Instragram-Profile werden unerwartet abgeschaltet. Von Facebook habe ich das noch nicht gehört, aber möglich ist es.

Auf manchen Plattformen gibt es sogar störende Werbeeinblendungen, die einen schlechten Eindruck hinterlassen.

Einrichtung eines Kontos auf einer Verkaufsplattform

Wer von vornherein weiß, dass er Produkte online verkaufen möchte, kann sich erstmal einen eigenen Shop sparen. Ja wirklich. Kunden, die von mir einen Shop haben möchten, rate ich dringend davon ab. Es sei denn Sie haben ein großes Werbebudget und unschlagbare Produkte oder haben schon einen Kundenstamm, dem sie nun Online-Bestellung anbieten wollen.

Das Betreiben eines Online-Shops ist mit einer großen Verantwortung verbunden. Sie müssen dafür Sorge tragen, dass die Kundendaten sicher gespeichert und gegen Hacker geschützt sind. Zusätzlich muss eine gesicherte Verbindung zwischen Kunde und Ihrem Webserver gewährleistet sein (SSL, https), damit Daten nicht mitgelesen werden können. Dann müssen Paketkosten-Berechnung, Rechnungs- und Lieferschein-Erstellung, Warenbestand, Rücksendung und Garantie-Abwicklung verantwortungsvoll betreut werden.

Um sich vor Abmahnungen zu schützen bedarf es noch einem rechtssicheren Impressum, Datenschutz-Erklärung, AGB und gesetzes-konformer Darstellung von Mehrwertsteuer und

Versandkosten.

Natürlich gibt es kostenlose Online-Shopsysteme, die sich einfach in Ihrer Website integrieren lassen. Doch wenn Sie dies alles selbst betreuen wollen, sollten Sie schon mehr als nur technisches Verständnis mitbringen. Was machen Sie zum Beispiel, wenn Ihr Shop von einem Hacker attackiert wird? Was, wenn ein Software-Update die Kundendatenbank zerstört? Ist alles schon passiert und der Shop tagelang offline.

Ersparen Sie sich diesen Stress und fangen klein an!

Richten Sie sich ein Konto bei Amazon ein, senden Ihre Waren dorthin und lassen von Amazon alles erledigen. Wenn Sie feststellen, dass Ihr Produkt gut ankommt, können Sie immer noch einen eigenen Shop in Auftrag geben. Diesen bezahlen Sie dann von Ihrem Gewinn.

Auch ein Shop bei ebay oder Dawanda ist möglich, doch die Abwicklung bleibt dann immer noch bei Ihnen und gerade eBay verlangt ziemlich hohe Gebühren.

Die ersten Schritte zur eigenen Website

Um heute eine Website selbst zu erstellen, ist erstaunlich wenig Vorwissen notwendig. Früher sah das ganz anders aus. Man musste zumindest ein wenig HTML programmieren können – die wichtigste Sprache im Internet, auf der auch heute noch der Großteil aller Websites basiert.

Trotzdem steht man am Anfang natürlich vor der Frage „wie fange ich am besten an". Genau darum geht es diesem Kapitel. Ich werde die wichtigsten Systeme vorstellen und Sie vertraut machen mit dem Prozedere im Webdesign. Anschließend werden wir eine eigene kleine Website mit WordPress erstellen, einer Websoftware, die es Ihnen spielend leicht ermöglichen wird, Ihre erste Website zu bauen.

Domain und Hosting

Bevor wir zu der eigentlichen Website kommen, benötigen wir

noch eine Domain und ein Hosting. Man kann es vergleichen mit einer Wohn-Adresse und dem zugehörigen Grundstück. Über die Adresse werden wir gefunden (im Web und in der realen Welt) und das Grundstück gibt uns die Möglichkeit ein Haus bzw. eine Website darauf zu erstellen.

Im Gegensatz zur realen Welt, können wir unsere Web-Adresse nahezu frei wählen. Leider ist es schon seit über 30 Jahren möglich, Internet-Adressen zu mieten, daher ist die Auswahl nicht mehr so groß. Wir müssen also kreativ sein, da wir nicht davon ausgehen können, dass beispielsweise unser Nachname noch frei ist. Mein Nachname „www.kuhlmann.de" ist schon lange belegt, leider nicht von mir.

Es gibt auch Domain-Börsen, wo Internet-Adressen zu hohen Preisen verkauft werden. https://sedo.com/de/ ist eine der bekanntesten. Vielleicht haben Sie aber Glück und Ihre Wunschadresse ist entweder noch frei oder sie wird günstig verkauft.

Doch bevor Sie eine Internet-Adresse mieten, noch ein paar Hinweise. Internet-Adressen können nicht für immer gekauft werden. Sie werden über einen Registrator verwaltet und Sie haben die Möglichkeit, die Adresse zu mieten; Sie werden dann zum Domaininhaber. In Deutschland ist die Denic (www.denic.de) dafür verantwortlich. Sie verwaltet die Domains mit der Endung „de". Auf deren Website können Sie auch recherchieren, wer denn der Inhaber einer deutschen Website ist.

Um Domaininhaber zu werden, gibt es verschiedene Dienstleister, an die man sich wenden kann. In Deutschland sind diese am bekanntesten:

- 1und1 (http://1und1.de),
- Strato (http://strato.de),
- Host Europe (http://hosteurope.de),
- Hetzner (http://hetzner.de) und
- All-Inkl (http://all-inkl.com)

Hier kann man entweder nur die Domain registrieren und Domaininhaber werden oder gleich das Hosting hinzubuchen, damit man auch wirklich eine Website erstellen kann.

Über das Hosting bekommt man laienhaft gesagt, einen Festplatten-Speicher, auf dem man seine Daten für den Webauftritt ablegen kann. Zusätzlich wird dieser Bereich mit Ihrer Webadresse verknüpft, so dass mit Eingabe im Browser auch Ihr Inhalt angezeigt wird.

Die Kosten für Domain und Hosting belaufen sich bei einem Starter-Paket auf etwa 3 bis 6 Euro im Monat. Manche Anbieter werben mit Sonderpreisen für das erste Jahr. Danach wird es teurer – also gut aufpassen, dass man sich nicht irrtümlich blenden lässt.

Persönlich habe ich mit allen Anbietern gute Erfahrungen gesammelt. Der Einfachheit stelle ich hier den prinzipiellen Ablauf dar, der in etwa für alle Dienstleister gelten sollte.

Rufen Sie die Website Ihres bevorzugten Hosters auf und suchen nach einem Menüpunkt mit dem Namen „Hosting" oder „Webhosting". Meistens gibt es noch Unterpunkte dazu, suchen Sie nach einem Eintrag mit dem Zusatz „WordPress". Mit diesem System wollen wir später unsere Website erstellen. Nachdem Sie in dieser Kategorie gelandet sind, werden Sie nach Ihrer gewünschten Internetadresse (Domain) gefragt. Meistens haben Sie die Möglichkeit über eine Suchbox zu recherchieren, ob Ihre Adresse noch frei ist.

Und damit kommen wir zum wichtigsten Teil dieses Kapitels: Die Wahl Ihrer Domain-Adresse. Diese wird Sie bestenfalls für die gesamte Dauer Ihrer Geschäftstätigkeit nach außen im Web vertreten. Der Name oder die Wort-Kombination sollte also im engem Zusammenhang mit Ihrer Tätigkeit stehen.

Dies sehen die führenden Suchmaschinen übrigens ähnlich. Wenn Sie Hochzeitsfotograf sind, dann werden Sie eher mit einer Adresse wie „hochzeitsfotograf-mueller.de" gefunden, als mit „hanspeter-mueller.de". Wenn Sie sicher sind, dass Sie mit Ihrem Geschäft nicht in eine andere Stadt umziehen werden, können Sie statt Ihrem Namen auch den Ort mit einbeziehen. So weiß die Suchmaschine zusätzlich noch, wo Ihre Dienstleistung zu finden ist.

Leider kann es damit passieren, dass Ihre Adresse sehr lang wird und dadurch eine leichte Abwertung durch die Suchmaschine einhergehen kann. Ich schreibe absichtlich kann, da es nur den umgekehrten Hinweis als SEO-Tipp gibt (SEO = Search Engine Optimization): Kurze Adressen werden gegenüber längeren bevorzugt.

Ein weiterer wichtiger Punkt ist die Domain-Kennung: .de, .ch, .at sind zum Beispiel länderspezifisch; .com, .net, .org hingegen generisch. Sie sollten immer versuchen bei einem lokalen Angebot die länderspezifische Endung zu ergattern. Wenn Sie eher international ausgerichtet sind, eine .com-Endung. Im Zweifelsfall würde ich aber der „com" den Vorrang geben oder gleich beide Adresse reservieren.

Wenn Sie keine Firmen-Website erstellen wollen, sondern zu einem bestimmten Thema oder einem Verein, können Sie auf .net oder .org zurückgreifen. Es gibt mittlerweile noch viele weitere Endungen, die aber von Suchmaschinen noch nicht so gut gelistet werden, weil sie relativ jung sind. Zum Beispiel die Endung .blog oder .berlin. Außerdem kosten diese Domains höhere Gebühren als die etablierten (mit Ausnahme der „com"-Endung, die immer teurer ist als die länderspezifische).

Einen Überblick über sämtliche Endungen dieser Welt finden Sie hier:

http://www.iana.org/domains/root/db

Meine Adresse lautet www.edvart.de. Wie ich zu dem Namen gekommen bin, habe ich schon im Kapitel „Logo" erklärt. Doch ist die Namenswahl aus Suchmaschinen-Sicht gut? Glücklicherweise ja: Der Name ist kurz und hat eine deutsche Endung. Außerdem setzt er sich aus bekannten Worten aus der Design- und IT-Szene zusammen.

Bei Kunstworten wie zalando allerdings ist kein Zusammenhang zwischen Online-Mode-Shop und dem Namen zu erkennen. Hier musste also eine großangelegte Werbe-Kampagne dafür sorgen, dass Menschen bzw. Kunden auf den Shop aufmerksam werden. Solche Mittel haben wir normalerweise nicht; daher empfehle ich im Zweifelsfall immer nach einem längeren Wort als Internetadresse zu suchen.

Nachdem Sie sich für eine Domain-Adresse entschieden haben, geben Sie diese in die Suchbox des Hosting-Anbieters ein. Bestätigen Sie mit einer Checkbox Ihre Adresse im nächsten Fenster (vorausgesetzt der Name ist noch frei). Achten Sie darauf, dass Sie nicht versehentlich andere Domains mithinzukaufen. Auch andere Dienstleistungen benötigen wir vorerst nicht. Manche Hoster bieten eigene Webbaukästen an, die sie im Bestellprozess an den Mann bringen möchten. Davon rate ich ebenfalls ab.

Nachdem Sie in den nächsten Feldern Ihre persönlichen Angaben hinterlegt und Ihre Bankverbindung eingetragen haben, sollte in kurzer Zeit Ihre Adresse und der Zugang zum Hosting freigeschaltet sein. Sie werden normalerweise über den Fortschritt per Mail informiert. Manche Hoster schicken noch einen Bestätigungs-Code an Ihre Handy-Nummer, um wirklich sicher zu gehen, dass nicht jemand anders unberechtigt in Ihrem Namen tätig wird.

In einer der E-Mails finden Sie Ihre Zugangsdaten zum Hosting nebst einem Anmeldelink. Rufen Sie diese Seite auf und probieren, ob alle Daten funktionieren.

Bravo – Sie haben die Grundvoraussetzung zum Erstellen Ihrer Website geschaffen!

Möglichkeiten bei der Website-Erstellung

Man unterscheidet Website in zwei Arten: dynamische und statische. Früher war die Mehrzahl der Websites statisch. Der Inhalt wird dabei vom Programmierer mit HTML in das Grundgerüst des Webdesigns hineinprogrammiert. HTML steht für Hypertextmarkup Language, was so viel heißt wie Seitenbeschreibungssprache. Für das Erstellen und Pflegen von Website war/ist also HTML unabdingbar.

Dynamische Websites hingegen laden Ihren Inhalt aus einer Datenbank. Mit Aufruf einer Webseite wird also nicht eine fertige Seite in HTML geladen, sondern der Inhalt wird vom Browser aus verschiedenen Quellen zusammengebaut. Die Texte kommen dabei aus der Datenbank, der Rest aus HTML-Brocken (zum Beispiel die Navigation und die Fuß-Zeile). Auf den ersten Blick ist dieses System für einen Laien noch schwerer zu begreifen als eine statische Website. Es müssen ja nun auch noch Datenbankabfragen berücksichtigt werden (die in PHP, einer weiteren Web-Sprache, programmiert werden).

Glücklicherweise gibt es seit über 17 Jahren sogenannte Content-Management-Systeme (CMS), die diese Aufgabe übernehmen. Viele davon sind sogar komplett kostenlos und lassen sich durch Knopf-Druck (oder eher Klick) im Backend des Hosters installieren.

Die bekanntesten CMS lauten:

- WordPress (www.wordpress.org – nicht wordpress.com, das ist die kostenlose Online-Plattform für Blogger),
- Joomla (www.joomla.org),
- Typo 3 (www.typo3.org) und
- Drupal (www.drupal.org).

Es gibt noch zahlreiche andere Systeme, doch diese sind die bekanntesten. Insbesondere WordPress ist sehr beliebt. Fast jede zweite Site, die neu erstellt wird, basiert darauf.

In diesem Ratgeber werde ich die wichtigsten Schritte für die Einrichtung einer WordPress-Site erläutern. So sind Sie auf jeden Fall in der Lage Ihre eigene Site zu erstellen.

Am Ende dieses Kapitels werden alle Schritte am Live-Beispiel „EDVart" durchgespielt. Sie finden das Ergebnis auf http://buch.edvart.de.

Anfangs hatte ich in Erwägung gezogen, mit Dreamweaver eine statische Website zu erstellen. Doch zum einen benötigt man dazu das kostenpflichtige Programm und zum anderen ist das Lernen von HTML dazu unabdinglich. Das hätte einfach den Rahmen gesprengt und den Leser eher abgeschreckt.

Vorüberlegungen zur Website-Erstellung

Bevor wir mit der Installation und Einrichtung von WordPress loslegen, noch ein paar Vorüberlegungen. Wenn man ein Haus baut, geht man ja auch nicht sofort in den Baumarkt und kauft Ziegel und Beton.

Wir sollten uns also vorher darüber im Klaren sein, was wir erreichen möchten. Wie schon anfangs festgelegt, möchten wir keine One-Page-Site, sondern eine normale.

Wie soll diese aufgebaut sein – welche Navigationspunkte soll es geben? Möchten wir eine Bilder-Galerie und ein Kontaktformular?

Skizzieren Sie auch hier das grobe Konzept auf einem Blatt Papier.

Unsere Übungs-Website von EDVart soll eine Haupt-Navigation erhalten mit den Punkten:

Home, Kurse, Profil, Referenzen, Kontakt und Impressum

Auch hier gilt wie bei der Logo-Erstellung: Entweder Sie bauen diese Site nach oder erstellen eine komplett eigene.

Falls Sie sich über den Inhalt nicht ganz im Klaren sind, schauen Sie doch mal die Konkurrenz an. Was sind dort für Menü-Punkte aufgeführt? Was wurde gut oder ganz schlecht gelöst? Was würden Sie auf jeden Fall besser machen?

Website mit WordPress erstellen

Der erste Schritt ist natürlich das CMS WordPress zu installieren. Melden Sie sich dafür bei Ihrem Hoster unter dem Menü-Punkt „Login" an und schauen nach einem Eintrag, der auf Installationen hinweist.

Bei Strato ist das zum Beispiel im linken Bereich der „AppWizzard". Klicken Sie diesen Link an und Sie kommen in die Übersicht über alle bereits installierten Systeme. Bei Ihnen sollte der Bereich leer sein, da Sie ja noch nichts dergleichen unternommen haben.

Suchen Sie nun nach der Kategorie „Content-Management-Systeme" und wählen dort WordPress aus. Meistens lässt sich an dieser Stelle schon das System installieren über einen entsprechenden Hinweis („jetzt installieren" zum Beispiel).

Sie werden nun Schritt für Schritt durch die Installation geführt. Wichtig sind nur zwei Dinge: Merken Sie sich unbedingt den Benutzernamen und das Kennwort, welches Sie entweder selbst vergeben oder vom System vorgeschlagen bekommen. Außerdem werden Sie noch gefragt wo auf Ihrer Web-Adresse WordPress installiert werden soll. Das kann entweder die Hauptdomain sein oder ein Unterordner:

http://edvart.de oder http://edvart.de/wordpress

Wenn Ihre Domain ganz neu eingerichtet ist und niemandem bekannt ist, nehmen Sie unbedingt die erste Variante. Sie ersparen sich dann den Umzug vom Unterordner in die Hauptdomain, wenn die Site fertig ist. Da niemand die Adresse kennt, werden Sie auch keine Kunden durch eine unfertige Seite abschrecken.

Sollte Ihre Domain schon Daten enthalten, weil Sie meinen Ratgeber erworben haben zu einem Zeitpunkt, als Ihre Geschäftsausstattung schon fertig war, haben Sie zwei Möglichkeiten:

1. Sie überschreiben die jetzige Version mit einer WordPress-Variante oder

2. Sie nehmen einen Unterordner und ziehen nach der Fertigstellung auf die Hauptdomain um.

Im ersten Fall würde ich empfehlen, ein Baustellenschild durch WordPress anzeigen zu lassen, damit die bestehende Kundschaft durch den unfertigen Zustand nicht irritiert wird. Ein Plugin wie Maintenance-Mode hilft Ihnen dabei:

https://de.wordpress.org/plugins/wp-maintenance-mode/

Etwas weiter hinten im Buch erfahren Sie wie Plugins benutzt werden.

Nach der Einrichtung von WordPress durch den Hoster, werden zwei Links angezeigt. Der erste führt in das Backend von WordPress, der andere in das Frontend, also der eigentlichen Website. Diese bekommt automatisch etwas Inhalt, damit man auch als Laie schnell Ergebnisse sieht.

Das Backend ist erreichbar über
http://ihredomain.de/wp-login.php

„ihredomain.de" ersetzen Sie bitte mit dem Namen Ihrer Web-Adresse.

Nun können Sie sich mit Ihren Daten anmelden und gelangen in das Backend von WordPress.

Der Aufbau von WordPress

WordPress war ursprünglich nur für Blogger gedacht und wurde nach und nach um viele Funktionen erweitert, welche es nun zu einem vollwertigen Content-Management-System gemacht haben.

Neben dem eigentlichen System kommt die wahre Macht erst durch zahlreiche Erweiterungen (Plugins) zur Entfaltung.

Mit Plugins sind Sie in der Lage, WordPress für alles Mögliche zu nutzen, was man im Web vorfinden kann: Forum, Shop, Kontaktformular, Spam-Schutz, Bilder-Galerien, Anbindung an soziale Kanäle und vieles mehr.

Welche Plugins für Sie am Anfang notwendig sind, werde ich im entsprechenden Kapitel vorstellen.

Wenn Sie sich bei WordPress angemeldet haben, sehen Sie auf der linken Seite eine Navigationsleiste mit vielen Menüpunkten. Die wichtigsten sind (in der Reihenfolge wie es im System gelistet ist): Beiträge, Medien, Seiten, Design, Plugins und Einstellungen.

Die übrigen Einträge sind für den Anfang erstmal unwichtig.

WordPress ist modular aufgebaut. Das bedeutet, dass im System viele Komponenten vorhanden sind, die dann je nach Bedarf zusammengesetzt werden. Das Zusammensetzen legen entweder Sie oder das Theme fest. Theme ist als Menüpunkt unter „Design" gelistet und zeigt eine Auswahl an vorinstallierten Gestaltungsmöglichkeiten. Wir kommen im Kapitel Themes näher drauf zu sprechen. An dieser Stelle ist nur wichtig, dass Sie wissen, dass ein Theme verantwortlich für die visuelle Darstellung Ihrer späteren Website ist.

Bevor wir zu den Einzelheiten der Themes kommen, aber noch andere wichtige Punkte:

Einstellungen

Für uns ist es zu Anfang am wichtigsten, die Einstellungen anzupassen. Klicken Sie dafür auf „Einstellungen" und dann im Untermenü auf „Allgemein". Tragen Sie hier unter Titel und Untertitel den Namen mit einer Beschreibung Ihrer Dienstleistung ein. Diese Daten werden vom System meistens auch visuell auf Ihrer Website dargestellt.

Für unsere Beispiel-Site ist das folgender Text:

Titel: EDVart

Untertitel: Adobe-Schulungen und Webdesign

Die übrigen Felder können Sie alle unberücksichtigt lassen und mit „Änderungen übernehmen" am Ende der Seite bestätigen.

Unter „Einstellungen" und „Lesen" wählen Sie bitte unter „Startseite zeigt" „eine statische Seite (unten auswählen)" an. Anschließend gehen Sie in das Dropdown-Menü darunter und wählen unter „Startseite" die Beispiel-Seite an. Diese wird nun als erstes geladen, wenn jemand Ihre Website aufruft.

Den Unterschied zwischen Beiträgen und Seiten erkläre ich im nächsten Kapitel.

Scrollen Sie noch etwas weiter hinunter und setzen einen Haken bei „Suchmaschinen davon abhalten, diese Website zu indexieren". Dies sollten Sie nach Fertigstellung Ihrer Site unbedingt wieder deaktivieren, da Sie sonst nie bei Google und Konsorten gefunden werden. Im Moment ist unser Inhalt allerdings noch nicht fertig und wir möchten Besucher damit nicht konfrontieren.

Speichern Sie die Einstellungen für „Lesen" mit „Änderungen

„übernehmen" und rufen den nächsten Menüpunkt „Diskussion" auf.

Bevor wir hier Anpassungen vornehmen, sollten Sie sich Gedanken darübermachen, ob Sie Ihren Besuchern erlauben wollen, Ihren Inhalt zu kommentieren. Auf der einen Seite, kann dies Ihrer Website zusätzlichen Besucherverkehr bescheren, wenn einer Ihrer Artikel besonders beliebt ist oder kontrovers diskutiert wird. Solange Ihre Website allerdings noch am Anfang steht und nur wenige Besucher hat, werden die Kommentare nur aus Nachrichten von Spam-Robotern bestehen. Sie werden sich schnell genötigt fühlen einen Spam-Schutz zu integrieren und schon haben Sie eine weitere Komponente, die Sie pflegen müssen.

Ich würde die Kommentarfunktion deaktivieren (Haken bei „Erlaube Besuchern, neue Beiträge zu kommentieren" entfernen). Da es sich bei unserem Beispiel um eine normale Website und nicht um einen Blog handelt, sind Kommentare sowieso unüblich.

Die anderen Checkboxen können Sie alle ignorieren. Speichern Sie nun die Einstellungen für Diskussion.

Die letzten Änderungen nehmen wir im Unterkapitel „Permalinks" vor. Stellen Sie hier sicher, dass die Checkbox bei „Beitragsname" gesetzt ist. Nun werden Ihre einzelnen Webseiten unter einem Namen erscheinen und nicht durch eine kryptische Zahlenkolonne.

Beispiel: http://edvart.de/kurse

Beiträge und Seiten

Diese beiden Begriffe sorgen gerne für Verwirrung, dabei ist es ganz einfach: Beiträge benutzt man für einen Blog und Seiten für ein Content-Management-System.

In einem Blog werden Beiträge Kategorien zugeordnet. Diese Kategorie wird über einen Menüpunkt in der Navigation zugeordnet. Klickt man diesen an, werden auf der Website alle Beiträge gelistet, die zu dieser Kategorie gehören. Sie kennen das bestimmt aus der Praxis beim Surfen auf News-Seiten oder Blogs: Die Artikel werden angerissen mit einem Bild und einem Teaser-Text und mit „Weiterlesen" kommen Sie zum eigentlichen Beitrag.

Da wir aber keinen Blog erstellen, können wir die Abschnitte „Beiträge und Kategorien" ignorieren. Wir widmen uns nur den „Seiten".

Mit Klick darauf sehen Sie eine kleine Übersicht aller vorhandenen Seiten. Am Anfang ist das nur die Beispiel-Seite. Bevor wir diese bearbeiten, fahren Sie mit der Maus über den Text „Beispiel-Seite" und Sie sehen, dass darunter einige Links eingeblendet werden. Klicken Sie auf QuickEdit.

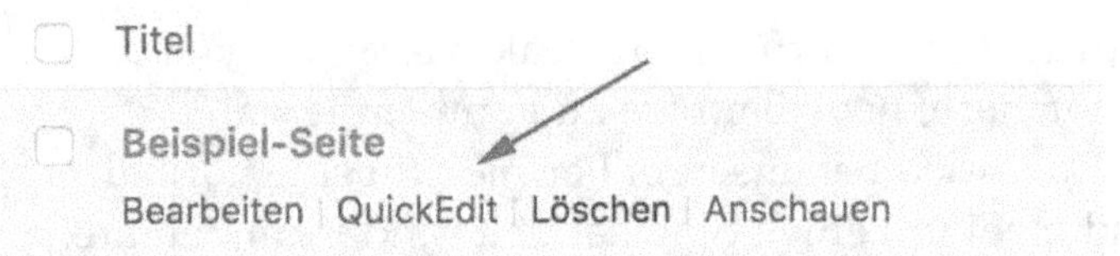

Bild 41: QuickEdit aktivieren durch Mouse-Over

Nun haben Sie die Möglichkeit verschiedene Einstellungen zu dieser Seite vorzunehmen (ohne aber deren Inhalt zu ändern). Wichtig ist hier nur zu kontrollieren, ob wirklich der Haken bei „Erlaube Kommentare" entfernt ist.

Bild 42: Kommentarhaken in QuickEdit entfernen.

Nun bestätigen wir das mit „Aktualisieren" und können uns dem Inhalt widmen. Klicken Sie dafür einfach den Titel an. Im Folgenden sehen Sie zentral ein Bearbeitungsfenster. Dort können Sie wie in Word Ihren Inhalt schreiben. Die Leiste oberhalb dieser Text-Box gibt Ihnen viele Formatierungsmöglichkeiten an die Hand.

Wichtig sind zwei Dinge. Zum einen ist diese Leiste

normalerweise zweireihig. Man sieht das aber nur, wenn man auf den letzten Button der ersten Reihe klickt. Daraufhin blendet sich die zweite Reihe ein. Es gibt also viel mehr Formatierungsmöglichkeiten als man auf den ersten Blick sieht.

Zum anderen ist der Einsatz der ersten Drop-Down-Auswahl entscheidend für das spätere Ranking bei Google. Voreingestellt ist hier ein „Absatz". Es gibt aber noch Überschriften verschiedener Wertigkeiten.

Bild 43: Überschrift und Absatz

Bitte verwenden Sie in Ihrem Text Überschriften, damit Suchmaschinen erkennen können, um was es in Ihrem Inhalt geht.

Ihre Seite sollte bestimmte Worte oder Wortgruppen (Keywords) enthalten, über die Sie bei Google gefunden werden möchten. Wenn diese Worte dann auch in Überschriften vorkommen, gibt das Pluspunkte.

Diese Schritte nennt man übrigens Suchmaschinen-Optimierung (SEO). Es kommt also nicht nur darauf an, informativen Text zu schreiben, sondern ihn auch noch seo-optimiert zu formatieren.

Ein kleines Beispiel:

Willkommen auf der Website von edvart!

Hier finden Sie nützliche Informationen zu unserem Kursangebot. Melden Sie sich gleich an für den Newsletter oder stöbern Sie im

Auf den ersten Blick ist der Text annehmbar, doch für die Suchmaschine ist er nichtssagend. Außerdem wurden nur Absätze verwendet.

Diese Variante ist besser:

Schulungen rund um Adobe zu günstigen Preisen (Überschrift 1 oder 2)

Kurse zu Photoshop, InDesign und Dreamweaver gibt es bei EDVart in Heidelberg. (Absatz)

Gerade bei längeren Texten bietet es sich an, mit Zwischenüberschriften (Überschrift 2, 3 oder 4) den Inhalt zu strukturieren. Überschrift 3 sollte also dem Thema von Überschrift 2 untergeordnet sei.

Noch ein Beispiel:

Filme mit George Clooney (Überschrift 2)

Absatz mit Text zum Schauspieler.

Film 1: Ocean Eleven (Überschrift 3)

Absatz mit Text zum Film Ocean Eleven.

Film 2: Up in the air (Überschrift 3)

Absatz mit Text zum Film up in the air.

Orientieren Sie sich an Artikeln von Wikipedia. Diese werden fast alle an erster Stelle bei Google-Suchen gelistet, weil Sie gut strukturiert und wissenswert sind.

Das Thema SEO ist sehr komplex und kann daher nur am Rande behandelt werden. Wenn Sie die hier beschriebenen Ansätze beherzigen, sind Sie aber schon auf dem richtigen Weg.

Wie man dann tatsächlich den Inhalt schreibt und speichert, erfahren Sie im Kapitel „Umsetzung am Live-Beispiel".

Übrigens: Wenn Sie die Überschriften benutzen, werden diese automatisch größer formatiert als ein Absatz.

Medien

Unter dem Menüpunkt „Medien" finden wir alle bereits geladenen Bilder und PDF. Normalerweise ist dieser Bereich anfangs leer.

Sie können über die „Hochladen-Funktion" Ihre Bilder durch WordPress auf den Webserver laden. Es ist aber genauso möglich, dies direkt beim Schreiben des Artikels vorzunehmen. Auch dort gibt es oberhalb des Editorfensters eine „Medien hinzufügen"-Funktion.

Wichtig ist, dass Sie jedem Bild mindestens einen alternativen Text zuweisen, damit Suchmaschinen wissen, worum es sich bei dem Bild handelt. Idealerweise hat auch der Dateiname etwas mit dem Inhalt zu tun.

Statt img_30111.jpg ist kroatien-dubrovnik-stadtmauer.jpg deutlich besser.

Auch hier gilt: Achten Sie auf die Bildrechte! Nehmen Sie niemals Bilder von fremden Webseiten, auch wenn das Runterladen ein Kinderspiel ist. Greifen Sie stattdessen auf eigene Bilder oder Bildagenturen zurück.

Bilder werden auf Webseiten in unterschiedlichen Größen benötigt. Im Kopfbereich findet man oft sehr große Banner (das sogenannte Header-Bild), im normalen Text eher kleinere. Beachten Sie dies beim Anlegen und Abspeichern der Fotos. Im Idealfall laden Sie das Bild in einer Breite von 1400 bis 1600 Pixel hoch und benutzen die Vorschaubilder, die WordPress beim Hochladen automatisch erstellt, für die Stellen im Text und die große Original-Variante für das Header-Bild.

Themes

Das Design Ihrer WordPress-Site wird zum größten Teil über sogenannte Themes gesteuert. In der Rubrik „Design"-„Themes" finden Sie einen Überblick der bereits installierten und sehen welches Theme aktuell verwendet wird. Dieses können Sie dann weiter anpassen.

Machen Sie sich etwas vertraut mit den verschiedenen Möglichkeiten, die jedes Theme mit sich bringt. Solange Ihre Website noch keine Besucher hat, ist es vollkommen in Ordnung, dass sich das Erscheinungsbild Ihrer Website mehrfach ändert. Sie arbeiten ja noch daran.

Themes gibt es kostenlos oder kostenpflichtig. Über den Menüpunkt oben kann man direkt aus WordPress heraus in dem Theme-Pool stöbern. Von dort kann man es auch direkt laden und ausprobieren. Die Themes gegen Bezahlung findet man im Internet an unzähligen Quellen.

Die beliebtesten sind

- Avada-Theme bei themeforest.net
  https://themeforest.net/item/avada-responsive-multipurpose-theme/2833226
- DIVI-Theme von elegantthemes.com
  https://www.elegantthemes.com/gallery/divi/
- Thrive-Theme bei thrivethemes.com
  https://thrivethemes.com

Diese Themes sind alle unglaublich vielfältig, können aber selbst versierte WordPress-Nutzer überfordern und kosten viel Einarbeitungszeit.

Ich würde anfangs erstmal zu einem der kostenlosen Vorlagen tendieren, die direkt von WordPress kommen:

- Twenty-Eleven
- Twenty-Twelve
- Twenty-Sixteen
- Usw.

Je höher die Nummer, desto moderner das Design und die benutzte Programmier-Art. Allerdings sind selbst die älteren Versionen durchaus noch einsetzbar. Entscheiden Sie selbst, welches Design Ihnen am besten gefällt und aktivieren es.

Für unser Live-Beispiel wähle ich das Theme Twenty-Seventeen, das aktuellste.

Plugins

Wie schon erwähnt, gibt es für WordPress unzählige Erweiterungen sogenannte Plugins. Mit diesen Plugins kann man das System um alle möglichen Dinge erweitern. Da wir nur eine einfache Website erstellen wollen, benötigen wir glücklicherweise nicht viele.

Hier die wichtigsten:

- WP Maintenance Mode
  https://wordpress.org/plugins/wp-maintenance-mode/
- Contact Form 7
  https://wordpress.org/plugins/contact-form-7/
- Cache Enabler
  https://wordpress.org/plugins/cache-enabler/
- Duplicator
  https://wordpress.org/plugins/duplicator/
- Limit Login Attempts Reloaded
  https://wordpress.org/plugins/limit-login-attempts-reloaded/

Unter https://wordpress.org/plugins/ finden Sie alle Plugins, die von WordPress verwaltet werden. Natürlich gibt es auch noch die Möglichkeit, Plugins direkt beim Hersteller zu laden. Man sollte da aber überprüfen, ob die Dateien nicht Schadcode in das eigene System einschleusen. Etwas, was für den Laien fast unmöglich ist. Also lieber auf die WordPress-Quelle vertrauen.

WP Maintenance Mode

Mit diesem Plugin können Sie Ihre Website vorübergehend in den Wartungsmodus setzen. Konfigurieren Sie was während Ihrer Wartungsarbeiten angezeigt werden soll. Sie können sogar E-Mail-Adressen sammeln und einen Live-Counter einbauen, der anzeigt in wieviel Tagen Ihre Site live ist.

Wenn Ihre Site noch im Aufbau ist bzw. Sie so gut wie keinen Besucherverkehr haben, ist dieses Plugin nicht unbedingt notwendig.

Contact Form 7

Noch nie war es einfacher, ein Kontakt-Formular in die Website
einzubauen. Nach der Installation steht bereits ein Demo-
Formular bereit, welches Sie nur noch um Ihre eigene E-Mail-
Adresse ergänzen müssen. Einfacher geht es nicht!

Cache Enabler

Wie schon mal erklärt, basiert WordPress auf einem
dynamischen System: Inhalte müssen aus der Datenbank
abgerufen und vom System zusammengesetzt werden. Der
Cache Enabler versucht diese Arbeiten zu minimieren, indem er
im Vorfeld fertige Seiten im Speicher (Cache) des Besuchers
ablegt. Dadurch wird der Inhalt deutlich schneller geladen und
angezeigt.

Duplicator

Nichts ist ärgerlicher als ein Verlust von Daten. Duplicator hilft
Ihnen dabei komfortabel ein Sicherheitsbackup von Ihrer
gesamten WordPress-Site zu machen. Sie erhalten ein gezippte-
Datei mit allen Daten zum Download. Diese können Sie auch
benutzen, wenn Sie mit Ihrer Site zu einem anderen Hoster
umziehen.

Limit Login Attempts Reloaded

WordPress-Systeme sind sehr verbreitet und jeder weiß, wie
das Backend zum Anmelden zu erreichen ist. Dieses Plugin
verhindert, dass Unbefugte durch stumpfes Ausprobieren von
Passwörtern sich im System anmelden können. Stellen Sie zum
Beispiel ein, dass Benutzer nach 3 falschen Versuchen, für 24
Stunden ausgesperrt werden. Außerdem macht das Plugin
noch ein paar Sicherheitseinstellungen, was es Angreifern noch
schwerer macht.

Menüs

In der linken Navigation von WordPress findet man unter
„Design" den Eintrag „Menüs". Hier werden die

Navigationsleisten angelegt. Je nachdem welches Theme man benutzt, gibt es ein oder mehrere Stellen auf der Website, wo eine Navigation angezeigt werden kann. Wir brauchen normalerweise nur eine; eine zweite womöglich für das Impressum und die Kontaktseite.

Dem Menü kann man Seiten, Beiträge und Kategorien oder auch einen Link zu einer anderen Website zuweisen. Beschriftung, Anordnung und Verschachtelung ist mit Anklicken und Verschieben (Drag and Drop) sehr einfach gelöst.

Im Live-Beispiel sehen Sie später, wie man ein Menü erstellt.

Widgets

Als letztes Unterkapitel gibt es noch die Widgets. Diese findet man auch unter „Design". Sie sind besonders nützlich, wenn man außerhalb von Menü, Inhalt und Kopfbereich der Seite noch Zusatzboxen mit besonderem Inhalt anbieten möchte.

Viele Seiten haben zum Beispiel am Rande oder in der Fußzeile eine Suchfunktion, eine Auflistung der letzten Beiträge oder ein Kontaktformular.

Mit Widgets können Sie Ihre Website um schöne Zusatzfunktionen erweitern. Leider ist die Platzwahl vom Theme vorgegeben. Es gibt also nicht beliebig viele Stellen auf der Website, wo solche Widgets abgelegt werden können.

Im Live-Beispiel werden wir eine einfache Textbox und die Suchfunktion über Widgets unterbringen.

Umsetzung am Live-Beispiel

In diesem Kapitel erkläre ich Schritt für Schritt wie ich auf der URL http://buch.edvart.de/ mit WordPress einen neuen Webauftritt gestalte, inkl. Plugin-Installation.

Auf der angegebenen Internet-Adresse können Sie also das Ergebnis jederzeit einsehen.

Nach der Installation von WordPress (wie die Installation abläuft steht am Anfang des Kapitels „Website erstellen mit WordPress") stelle ich sämtliche Einstellungen so ein wie im Kapitel „Einstellungen" beschrieben: Einen aussagekräftigen Seitentitel unter „Allgemein" und „Startseite anzeigen" unter „Lesen". Keine Kommentare unter „Diskussion" und unter „Permalinks" die Einstellung „Beitragsname".

Plugin-Verwaltung und -Installation

Bevor wir uns an die Erstellung der Inhalte machen, wenden wir uns noch den Plugins zu. Rufen Sie den entsprechenden Menüpunkt aus der linken Navigationsspalte auf.

In der nun erscheinenden Übersicht finden Sie bereits installierte Plugins vor: „Akismet" und „Hello Dolly". Beide Plugins sind für uns nicht relevant und können bedenkenlos gelöscht werden.

Klicken Sie dafür einfach auf den Link „Löschen" und bestätigen die folgende Warnung.

Über den Menüpunkt „Installieren" können Sie die folgenden Plugins suchen und installieren: Contact Form 7, Duplicator, Cache Enabler und Limit Login Attempts Reloaded.

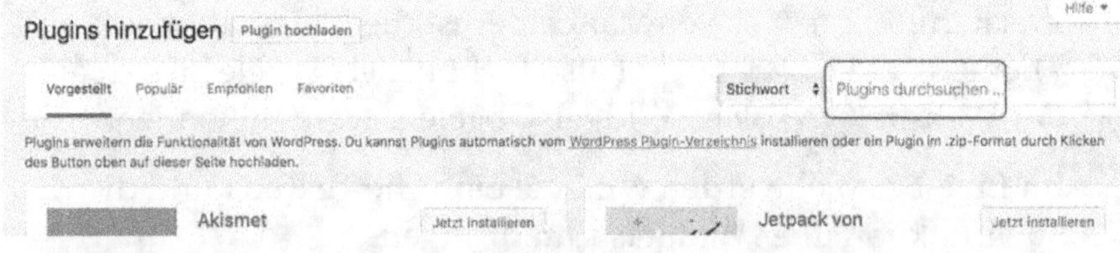

Bild 44: Geben Sie im Suchfeld den Namen des Plugins ein

Nach dem Eingeben des Suchbegriffs erscheinen passende Ergebnisse. Klicken Sie auf „Jetzt installieren", warten einen Augenblick auf die Fertigstellung und danach auf „Aktivieren".

Nachdem Sie alle Plugins installiert und aktiviert haben, sollten in der Plugins-Übersicht alle Erweiterung aufgelistet sein.

Plugins einrichten

Die Einrichtung von **„Contact Form 7"** erfahren Sie später im

Text im Kapitel „Ein Kontaktformular integrieren".

Das Plugin **„Duplicator"** ist zuständig für die Erstellung eines Backups des gesamten Systems. Rufen Sie aus der linken Navigationsspalte im Backend von WordPress den gleichnamigen Menüpunkt auf.

Duplicator arbeitet mit sogenannten „Archiven". Ein Archiv setzt sich zusammen aus einer gezippten Datei von allen Daten Ihrer Website (Dateien, Bildern, Plugins usw. und den Daten der Datenbank) und einer Installationsdatei. Da das Plugin frisch installiert ist, ist natürlich noch kein Archiv vorhanden. Klicken Sie dafür oben rechts auf „Neues Erstellen". Im nächsten Fenster können Sie alles so belassen und fahren mit „weiter" (blauer Button unten rechts) fort. Nun wird Ihre Website analysiert und im Idealfall erscheinen keine Warnungen. Sie können nun mit „Erstellen" den Backup-Prozess starten.

Anschließend laden Sie bitte beide Dateien (.zip und installer.php) herunter auf Ihren Rechner. Damit haben Sie ein Backup, welches Sie später wieder einspielen können, falls wirklich etwas schiefläuft. Sicherheitshalber löschen Sie nun noch das Archiv, welches sich auf der Website befindet (unter Archiven im Duplicator gelistet).

Der **„Cache Enabler"** hilft Ihnen, das Laden der Site zu beschleunigen. Rufen Sie das Plugin auf (es ist unter Einstellungen aufgeführt). Das Plugin muss nur minimal konfiguriert werden. Stellen Sie lediglich bei „Cache Minimierung" auf „HTML & Inline JS. Überprüfen Sie nun, ob Ihre Site noch richtig dargestellt wird. Wenn es Fehler gibt, wählen Sie nur „HTML" aus der Drop-Down-Liste.

Als letztes fehlt noch die Erweiterung **„Limit Login Attempts Reloaded"**. Dies finden Sie auch unter „Einstellungen". Die Konfiguration kann man durchaus so belassen. Wenn Sie möchten können Sie unter „Aussperrung" die Parameter noch strikter setzen. Es wäre zum Beispiel denkbar, die Aussperrungszeit von 20 Minuten auf einen höheren Wert zu setzen...

Wie schon erwähnt gibt es sehr viele Plugins für WordPress.
Bevor Sie sich dort jedoch austoben und wild installieren,
informieren Sie sich über die Qualität des Plugins. Bewertungen
des Plugins helfen bei der Beurteilung. Vergessen Sie auch
nicht, ungenutzte Plugins nicht nur zu deaktivieren, sondern
auch zu löschen.

Damit Ihr System nicht gehackt wird, rate ich auch dringend
dazu Plugins auf dem neuesten Stand zu halten. Sobald eine
neue Version erschienen ist, wird es in der Plugin-Liste
entsprechend visualisiert. Klicken Sie einfach auf „jetzt
aktualisieren".

Anmerkung: Manchmal führt ein Update dazu, dass die Plugin-
Seite einen Fehler anzeigt. In diesem Fall rufen Sie das Backend
von WordPress erneut auf. Normalerweise ist dann der Fehler
verschwunden. Sicherheitshalber sollten Sie jedoch immer vor
Updates mit dem Duplicator ein Backup vornehmen.

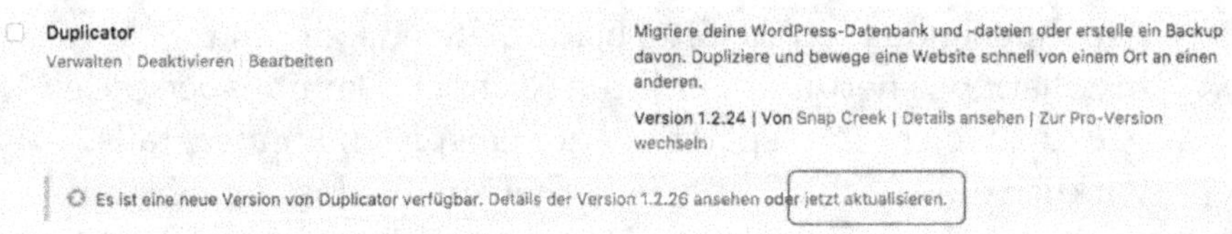

Bild 45: Plugin aktualisieren

Die ersten Inhalte schreiben

Für die Erstellung des Inhaltes gehen wir auf „Seiten" –
„Erstellen". Dort geben wir passend zum späteren Inhalt einen
guten Titel (1) ein. Dieser Titel wird später auf der Webseite als
Hauptüberschrift sichtbar sein; meistens als Überschrift erster
Ordnung (h1-Befehl).

Zur genaueren Erörterung kann man noch eine weitere
Überschrift zweiter Ordnung (h2-Befehl) im Editor schreiben
(2).

Übrigens wird aus dem Titel direkt eine URL bzw. Permalink
generiert. Ist diese zu lang, bietet es sich an, diese zu kürzen.
Klicken Sie dafür auf „Bearbeiten" und geben eine Kurzfassung
des Permalinks ein (3).

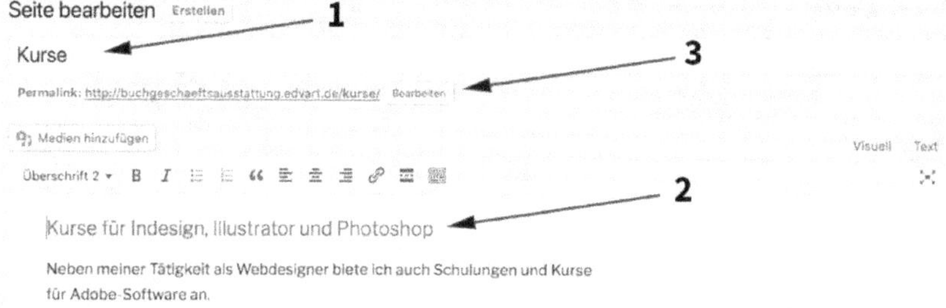

Bild 46: Titel und Permalink bzw. URL der Seite

Andere Formatierungsmöglichkeiten wie Aufzählung, Auflistung, Fett und Kursiv kennen Sie sicher aus Office-Programmen.

Hyperlinks erstellen

Das andere wichtige Instrument im Web sind die (Hyper-)Links. Natürlich möchten Sie auch einen Link erstellen. Klicken Sie mit der Maus an die Stelle, wo er erscheinen soll oder markieren einen Text, der später anklickbar werden soll. Anschließend nehmen Sie das Kettenglied-Symbol und aktivieren es. Im nächsten Augenblick erscheint eine Eingabe-Box. Dort wählen Sie das Stellrädchen ganz rechts und geben im nächsten Fenster oben die URL (die Webadresse inklusive http://) ein und darunter den Linktext. Also den Text, der anklickbar sein soll bzw. für den Link steht.

Bild 47: Link erzeugen mit Klick auf Kettenglied

The dialog box reproduced here shows:

Link einfügen/ändern ✕

Gib die Ziel-URL ein

URL http://adobe.com

Link-Text Adobe-Software

☑ Link in einem neuen Tab öffnen

Oder verlinke auf bestehende Inhalte

Suchen

Es wurde kein Suchbegriff angegeben. Es werden die aktuellen Inhalte angezeigt.

Downloads	SEITE
Impressum	SEITE
Referenzen	SEITE
Profil	SEITE
Kurse	SEITE
Kontakt	SEITE

Abbrechen · Link hinzufügen

Bild 48: URL und Link-Text eingeben

Bilder einbetten

Mitunter möchte man seinen Text noch mit schönen Bildern ergänzen. Klicken Sie auch hier an die Stelle, wo das Bild angezeigt werden soll und betätigen dann die Schaltfläche „Dateien hinzufügen" oberhalb der Werkzeugleiste.

Es öffnet sich der Medienmanager. Hier haben Sie die Möglichkeit ein vorhandenes Bild einzufügen oder ein neues von Ihrer Festplatte zu laden.

Im letzten Fall müssen Sie über die Funktion „Dateien hochladen" (Register oben links), das gewünschte Bild laden. Danach können Sie in der Mediathek Ihre Datei anwählen. Bevor Sie es mit „in die Seite einfügen" integrieren, sollten Sie noch einen Blick in die rechte Spalte werfen.

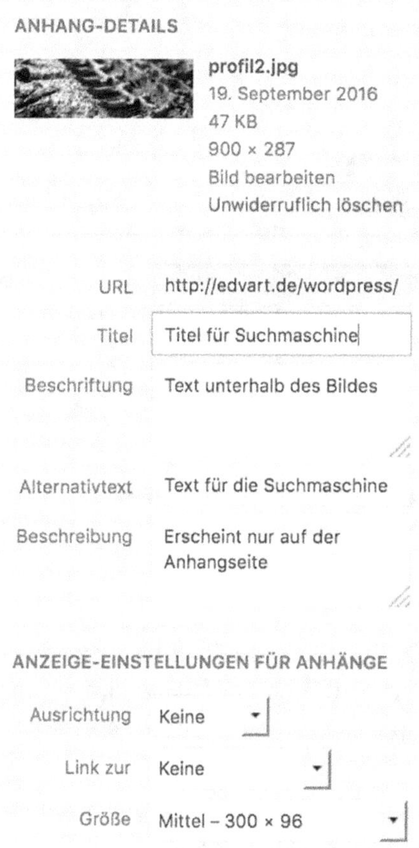

Bild 49: Bildeigenschaften bzw. Anhang-Details in der Mediathek

Der **Titel** ist für die Suchmaschinen und wird unterhalb des Mauszeigers angezeigt, wenn man mit der Maus über dem Bild stehen bleibt. Die **Beschriftung** wird auf der Website unterhalb des Bildes eingeblendet. Der **Alternativtext** wird angezeigt, wenn das Bild nicht geladen werden konnte und ist auch für Suchmaschinen interessant. Die **Beschreibung** bekommt nur zu Gesicht, wenn man das Bild später in einer Galerie-Ansicht zeigt oder sich die Anhang-Seite von WordPress anguckt.

Im unteren Teil der rechten Spalte gibt es noch „Anzeige-Einstellungen für Anhänge". Über die **Ausrichtung** können Sie steuern, ob links oder rechts neben dem Bild noch Text stehen kann.

Bild 50: Bild linksausgerichtet

Mit **Link zu** kann das Bild noch anklickbar gemacht werden und über Größe steuern Sie die Ausgabegröße auf der Webseite. WordPress legt nämlich automatisch kleinere Varianten Ihrer hochgeladenen Dateien an.

Wenn Sie mit der Seite fertig sind (oder keine Zeit mehr haben), speichern Sie unbedingt Ihr Werk mit Klick auf „Speichern" in der rechten Spalte oder gehen gleich auf „Veröffentlichen" etwas tiefer.

Diesen Abschnitt wiederholen Sie solange bis Sie alle Seiten erstellt haben, die für Ihre Website wichtig sind.

Download-Link mit einem PDF verknüpfen

Manchmal bietet es sich an, Inhalte auch als PDF zum Download anzubieten. Gehen Sie dabei genauso vor wie beim Bilder einbetten. Laden Sie in dem Fall nur statt einer Bilddatei das entsprechende PDF hoch und vergeben den Link-Text unter „Titel" ein.

Bild 51: Unter Titel den Link-Text eingeben, der später anklickbar werden soll

Ein Kontaktformular integrieren

Wenn Sie ein Kontaktformular integrieren wollen, greifen Sie auf das Plugin „Contact Form 7"zurück. Falls Sie es noch nicht installiert haben, gehen Sie auf „Plugins" – „installieren" und geben in das Suchfeld oben rechts Contact Form 7 ein.

Klicken Sie auf „Jetzt installieren" und danach auf „Aktivieren".

Anschließend finden Sie in der linken Menüleiste den neuen Eintrag „Formulare". Dort finden Sie ein fertiges Formular, welches wir noch anpassen sollten.

Wählen Sie das Register „E-Mail" und tragen in „An" und „Von" den Adressaten und den Absender ein. Wichtig ist beim Absender (Von), dass die Domain von der E-Mail mit der Domain der Website übereinstimmt. Andernfalls kann es sein, dass die Informationen aus dem Formular nicht versendet werden.

Ein Beispiel für ein falsch konfiguriertes Formular:

Die Website lautet edvart.de und unter „Von" wird edvart@gmail.com eingetragen. Dies wird meistens nicht funktionieren. Wählen Sie stattdessen eine Adresse Ihrer eigenen Domain wie in diesem Fall kuhlmann@edvart.de. Dabei ist vollkommen legitim bei „An" und „Von" die gleiche Adresse einzutragen:

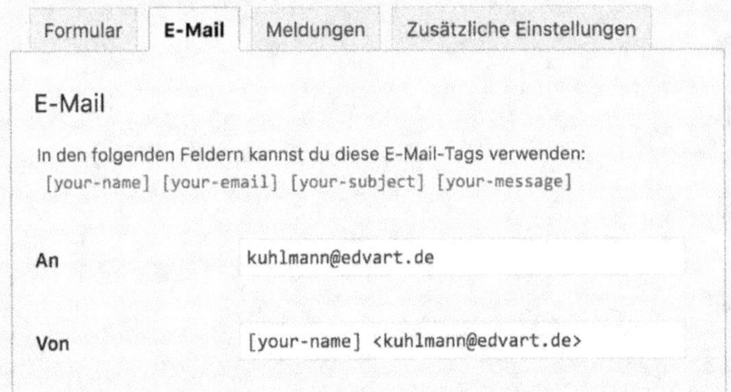

Bild 52: E-Mail-Adressen. [your-name] wird automatisch durch den Namen des „Ausfüllers" ersetzt

Das Formular können Sie ganz einfach auf Ihrer Seite (in diesem Fall am besten auf der Kontaktseite) integrieren. Kopieren Sie den Shortcode, der zum Formular angegeben ist, und fügen ihn an der Stelle auf der Kontaktseite ein.

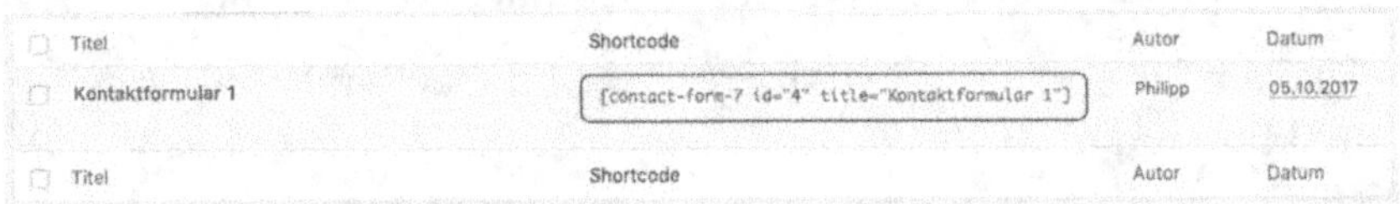

Bild 53: Shortcode des Formulars

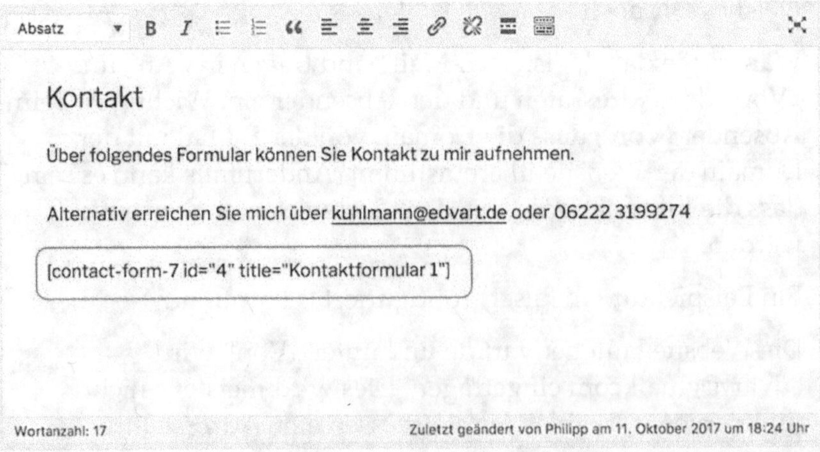

Bild 54: Shortcode auf der Seite im Bearbeitungsmodus

Übrigens keine Sorge wegen Spam. Das Formular ist sehr gut abgesichert und benötigt in der Regel keinen Spam-Schutz.

Wenn Sie alle Seiten für Ihren Webauftritt erstellt haben, sieht es in unserem Beispiel in der Übersicht so aus:

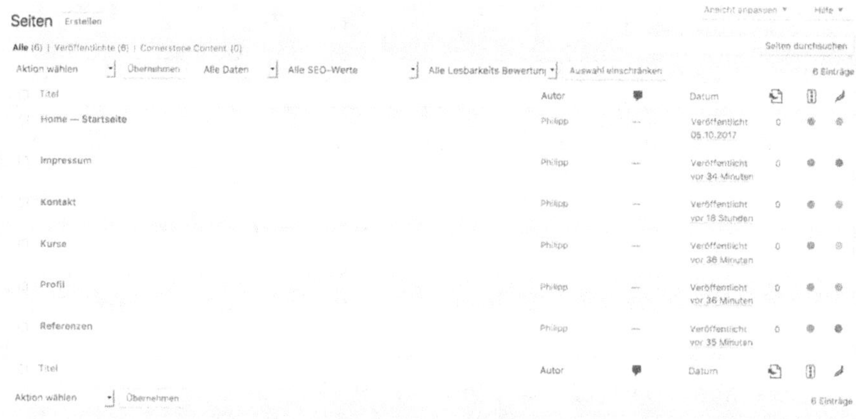

Bild 55: Seiten-Übersicht

Falls Sie es noch nicht gemacht haben, ist jetzt der Zeitpunkt gekommen, wo Sie bitte die Seiten „Home, Kurse, Profil, Referenzen, Kontakt und Impressum" erstellen. Es ist nicht schlimm, wenn der Inhalt noch nicht komplett fertig ist und nur ein oder zwei Sätze stehen. Da wir in den kommenden Kapiteln aber eine Navigation erstellen wollen, müssen die Seiten vorhanden sein. Diese können wir dann mit den einzelnen Menü-Punkten verknüpfen.

Natürlich können Sie die Inhalte aus http://buch.edvart.de kopieren.

Häufige Fragen zur Inhaltserstellung in Seiten und Beiträgen

Bevor wir zu den Theme-Optionen und den letzten Einstellungen kommen noch ein paar Antworten auf Fragen, die unter Umständen bei der Bearbeitung des Inhalts aufkommen könnten.

Wie komme ich zu vorigen Versionen meiner Seiten?

Es kann immer wieder vorkommen, dass man nach einer Änderung feststellt, gerne zur Vorversion zu wechseln. Glücklicherweise ist das mit WordPress kein Problem. Klicken Sie auf der bereits geöffneten Seite in der rechten Spalte auf „Anzeigen" bei Revisionen in der Box „Veröffentlichen".

Nun werden die letzten beiden Versionen in zwei Spalten gegenübergestellt. Mit einem Schieberegler ganz oben mittig können Sie nach links in die Vergangenheit zur gewünschten Version zurückgehen. Bestätigen Sie anschließend mit „Diese Revision wiederherstellen".

Falls die Funktion Revision nicht zur Verfügung steht, ist diese vermutlich ausgeblendet. Aktivieren Sie die Ansicht über „Ansicht anpassen". Siehe auch im übernächsten Absatz „Anzeige von Optionen".

Zu einem späteren Zeitpunkt veröffentlichen

In der Box „Veröffentlichen" findet man neben den Revisionen auch die Möglichkeit das Veröffentlicht-Datum zu ändern. Klicken Sie dort auf „Bearbeiten" und wählen einen anderen Zeitpunkt. Sie können auch ein Datum in der Zukunft eintragen, dann erscheint diese Seite erst genau ab diesem Zeitpunkt.

Diese Funktion würde ich jedoch nur bei Beiträgen anwenden, weil Seiten immer einer Navigation zugewiesen werden müssen, damit Sie aufrufbar sind.

Anzeige von Optionen bei der Seiten-Bearbeitung anpassen

In der oberen rechten Ecke findet man ein Feld mit der Aufschrift „Ansicht anpassen". Klicken Sie darauf und wählen dann mit einem Haken an, welche Optionen Sie im Seiten-Bearbeitungs-Modus angezeigt haben möchten.

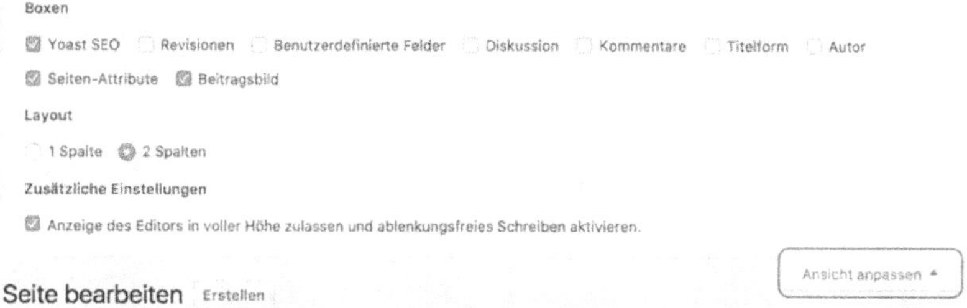

Bild 56: Ansicht anpassen

Ich kann HTML; ist es möglich im Editor Code schreiben?

Glücklicherweise ja. Wenn Sie direkt HTML nutzen wollen, wechseln Sie die Ansicht von „Visuell" auf „Text".

Bild 57: Im Text-Modus HTML schreiben

Theme aktivieren

Nachdem nun alle Plugins installiert und die Inhalte erstellt sind, aktivieren wir unter „Design" – „Themes" die neueste Vorlage namens „Twenty Seventeen".

Nun widmen wir uns den Details bzw. den Dingen, die wir durch das Theme anpassen können.

Rufen Sie dafür „Design" – „Customizer" auf. Ihre Website wird nun durch eine linke vertikale Leiste ergänzt, über die Sie Anpassungen vornehmen können. Auf der rechten Seite sehen Sie eine Vorschau Ihrer Änderungen.

Als erstes rufen wir die „Website-Informationen" auf. Tragen Sie dort den Titel und Untertitel ein. Wenn Sie möchten, können Sie auch Ihr Logo hinterlegen. Achten Sie darauf, dass dieses einen transparenten Hintergrund hat.

Anmerkung: Exportieren Sie dafür Ihr Logo in Illustrator für Web als png-Datei.

Etwas weiter unten sollten Sie noch Ihr Website-Icon einbinden. Dieses wird als keines Zeichen im Browser-Tab angezeigt.

Erstaunlicherweise verlangt das Theme eine Größe von 512 x 512 Pixel, was viel mehr ist als üblich. Normalerweise reichen 32 x 32 oder 64 x 64 Pixel. Vermutlich legt das Theme für verschiedene Browser und Bildschirmabmessungen unterschiedliche Icons an und benutzt die große Variante als Mutter-Datei. Wie auch immer – erstellen Sie Ihr Icon am besten in Illustrator mit 512 mal 512 Pixel und speichern es als png durch den Dialog „Datei" – „Exportieren" – „für Web speichern".

Achten Sie beim Designen des Favicons darauf, besonders einfache Formen zu benutzen. Reduktion ist hier das Stichwort.

Auf der Website von Logaster.de können Sie übrigens online (neben einem Logo) ein Favicon erstellen:

https://www.logaster.de/favicon/

Wer mit einem anderen Theme arbeitet und dort noch ein Icon im Dateiformat „.ico" hinterlegen soll, kann dies mithilfe dieser Website von png in ico umwandeln lassen:

http://tools.dynamicdrive.com/favicon/

Klicken Sie nun oben links auf den Pfeil nach links (u. U. müssen Sie hochscrollen), um wieder in die Übersicht zu kommen. Unter den Website-Informationen findet sich als nächstes die „Farben". Leider kann man dort nur aus wenigen Varianten wählen. Entscheiden Sie sich für das, was Ihnen am besten gefällt.

Interessant wird es beim Eintrag „Header-Medien". Sie können dort ein Bild für den oberen Bereich Ihrer Website festlegen. Es sollte in den Abmessungen 2000 x 1200 Pixel angelegt sein. Auch ein Video ist möglich. Hinterlegen Sie dafür die entsprechende YouTube-Adresse oder laden selbst ein Video im mp4-Format hoch.

Da dieses Bild besonders aussagekräftig sein sollte, wählen Sie es bitte mit Bedacht aus. Es sollte unbedingt zu Ihrem Geschäftsfeld passen.

Normalerweise würde ich als Header-Medium ein Bild empfehlen; ein Video benötigt längere Ladezeiten und ist in der Produktion natürlich viel aufwändiger als ein Bild oder eine Grafik.

Klicken Sie dafür auf den Button „Neues Bild hinzufügen". Das vorhandene Bürobild mit dem Kaktus ist zwar gar nicht schlecht, aber wenn es jeder benutzt fehlt natürlich das Besondere.

Nachdem Sie dies gemacht haben, erscheint die Mediathek mit der Upload-Funktion. Suchen Sie jetzt ein Bild von Ihrer Festplatte aus mit den Abmessungen von 2000 mal 1200 Pixeln.

Danach wählen Sie unten rechts „Auswählen und Zuschneiden". Sollte Ihr Bild von den Abmessungen nicht stimmen, können Sie nun mit der Maus den Rahmen entsprechend den verlangten Maßen zuschneiden. Achten Sie darauf, dass Ihr Bild im Originalzustand mehr als die verlangten Pixel in Breite und Höhe hat, damit das Zuschneiden verlustfrei funktioniert.

Die Einstellungen für Menü können wir überspringen, da wir dies in einem späteren Kapitel genauer besprechen.

Darauf folgen die Widgets. Im Theme gibt es drei Positionen für zusätzliche Inhaltsboxen: Die Seitenleiste und zwei Bereiche in der Fußzeile (Footer).

Ich habe nur eine Suchfunktion dem ersten Footer zugewiesen und alle voreingestellten Widgets aus der Seitenleiste gelöscht. Diese werden sowieso nur bei Blog-Beiträgen und nicht bei „Seiten" angezeigt. Ein kleines Dreieck im rechten Bereich lässt das Widget genauer bearbeiten. Mit „Entfernen" können Sie die ungewünschten Widgets löschen.

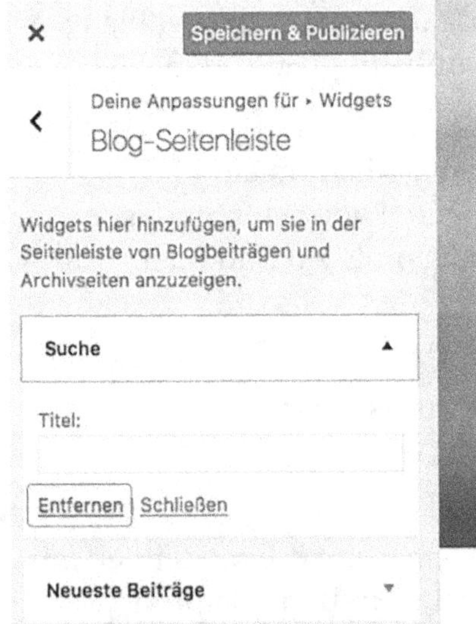

Bild 58: Widget löschen

Um dem Footer das Suchfeld hinzuzufügen, rufen Sie „Widget" – „Footer 1" auf, klicken dann auf „Widget hinzufügen" und wählen aus der nächsten Spalte Ihr gewünschtes Widget aus.

Sie sehen, es gibt sehr viele Möglichkeiten. Sie können auch nur „Text" benutzen, um eine weitere Information per Hand zu schreiben und an der Widget-Position anzeigen lassen.

Widgets lassen sich übrigens auch ohne den Customizer modifizieren. Rufen Sie dafür den Menüpunkt „Design"-„Widgets" an.

Im nächsten Punkt „statische Startseite" können wir unsere Startseite festlegen. Dafür wählen Sie die Checkbox „Eine statische Seite" an und suchen in der Drop-Down-Liste darunter Ihre Seite, die Sie für die Startseite vorgesehen haben. In unserem Beispiel also die „Home"-Seite.

Bild 59: Statische Startseite

Nun widmen wir uns den Theme-Optionen. Hier habe ich mich für eine einspaltige Darstellung entschieden. Inhalte im Startseiten-Abschnitt benutze ich vorerst nicht. Sie können diese Funktion nutzen, um bis zu 4 Seiten auf der Startseite anzeigen zu lassen. Zum Beispiel für News ganz interessant. Erstellen Sie dafür einfach eine neue Seite und lassen diese in einem der Abschnitte anzeigen.

Zum Schluss kommt der Eintrag „Zusätzliches CSS". CSS steht für Cascading Style Sheets und ist eine Art Programmiersprache für das Gestalten von Web-Elementen. Wem also die Farbe der Schrift nicht gefällt, kann hier mit entsprechendem Wissen, den Code dafür hinterlegen. Vorerst kann dieses Feld natürlich leer bleiben.

Wenn Sie alle Punkte des Customizer abgearbeitet haben, bestätigen Sie Ihre Änderungen mit „Speichern & Publizieren" in der linken Spalte oben rechts.

Zum Ende fehlt uns noch die Navigation, die wir unter dem Punkt „Menü" übersprungen hatten:

Die Navigation bzw. das Menü erstellen

Nachdem die Inhalte komplett sind, sollen diese natürlich auf der Website ansteuerbar sein. Öffnen Sie den entsprechenden Bereich in WordPress, in dem Sie auf „Menü" in der linken Navigationsleiste klicken.

Zu Beginn müssen Sie erstmal das Menü erstellen. Vergeben Sie einen Namen und bestätigen Sie mit „Menü erstellen". Der Name ist übrigens bedeutungslos und erscheint nirgends auf der Website. Benennen Sie das Menü am besten mit „Navigation".

Als nächstes setzen Sie Haken bei den Checkboxen im Register „Seiten" in der linken Spalte. Dort sollten alle Seiten gelistet sein, die wir im oberen Abschnitt angelegt haben. Wenn nicht, wählen Sie das Register „Zeige alle", dort werden Sie sicher fündig. Mit „Zum Menü hinzufügen" werden alle Seiten der Navigation zugewiesen.

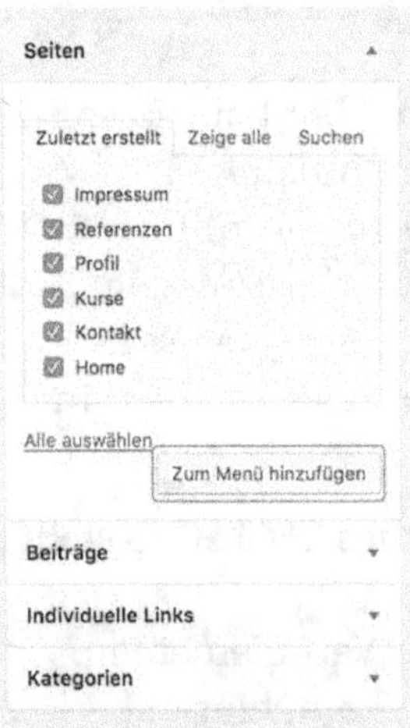

Bild 60: Seiten dem Menü hinzufügen

Mit „Drag and Drop" können Sie im rechten Hauptfenster alle Menüpunkte in die gewünschte Reihenfolge bringen.

Bevor Sie das Menü speichern, müssen Sie noch festlegen an welcher Position es erscheinen soll. Klicken Sie dafür im unteren rechten Bereich bei „Menü-Einstellungen" auf „oberes Menü".

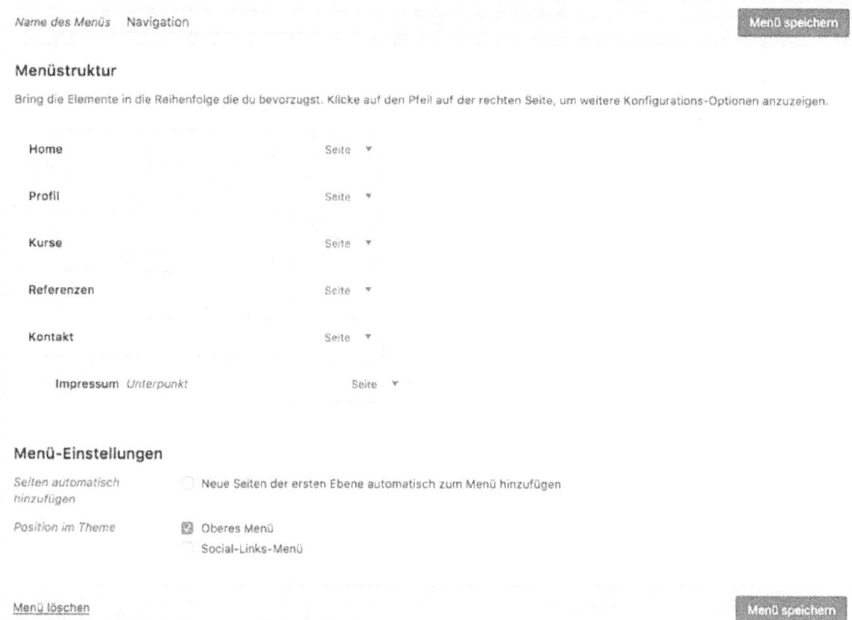

Bild 61: Menüstruktur

Überprüfen Sie nun, ob es geklappt hat und rufen die Website auf. Diese können Sie am einfachsten erreichen, indem Sie auf das kleine Haussymbol oben links in der schwarzen Leiste klicken. Im Idealfall ist nun alles über das Menü ansteuerbar.

Falls die Startseite nicht erscheint oder dort andere Inhalte angezeigt werden, ist vermutlich unter „Einstellung" – „Lesen" noch die falsche Checkbox angewählt. Hier sollte unter „Startseite zeigt" „Eine statische Seite" eingestellt sein.

Ein weiteres Widget anlegen

Über den Customizer haben wir bereits ein Widget im Footer 1 angelegt; eine Suchbox. Schön wäre noch ein Hinweis auf Ihre E-Mail-Adresse und Telefonnummer. So können Interessierte schnell Kontakt zu Ihnen aufnehmen.

Sie könnten natürlich wieder den Customizer benutzen, doch es geht auch direkt aus der Navigation („Design" – „Widgets"). Wählen Sie aus der linken breiten Spalte das Widget „Text" aus

und klicken auf „Footer 2". Anschließend bestätigen Sie mit
„Widget hinzufügen". In der rechten breiten Spalte erscheint
nun unter Footer 2 Ihr neues Text-Feld. Mit einem Klick auf das
kleine Dreieck öffnet sich ein Fenster. Dort können Sie Ihre
Kontakt-Daten eintragen. Das Titel-Feld muss nicht ausgefüllt
werden.

Bild 62: Neues Text-Widget

Wenn Sie nun jedoch das Ergebnis betrachten, werden Sie
feststellen, dass das Suchfeld und die Textzeile unschön
zueinander gesetzt sind.

Bild 63: Widgets mit ungleicher Höhe

Rufen Sie jetzt das Text-Widget noch einmal auf und klicken
auf das Register „Text". In dieser Ansicht können wir jetzt
direkt HTML und CSS schreiben. Sie lernen nun also die ersten
zwei Befehle:

```
<div style="padding-top: 18px;">©2017 EDVart | Te-
lefon: 06222 3199274 | kuhlmann@edvart.de</div>
```

Bild 64: CSS- und HTML-Code

HTML-Befehle stehen immer in eckigen Klammern (<>). Div ist

dabei der Befehl für einen Container (für Text und Bilder zum Beispiel).

Die folgende Anweisung „style" leitet hier den CSS-Befehl „padding-top" ein, den Abstand noch oben. Nach dem Doppelpunkt können Sie einen Wert in px (Pixel) oder % (Prozent) angeben.

Mit </div> wird der HTML-Befehl samt CSS wieder geschlossen.

Klicken Sie nun auf „Speichern" und kontrollieren das Ergebnis.

Herzlichen Glückwunsch – Sie haben nicht nur Ihre erste Website erstellt, sondern auch die ersten Schritte mit HTML und CSS gemacht!

Es wird sicher noch den einen oder anderen Punkt geben, den Sie verbessern möchten. Doch passen Sie auf, dass Sie hier nicht Ihre kostbare Zeit verschwenden! Keiner Ihrer Interessenten wird Sie nicht als Auftragnehmer in Erwägung ziehen, weil die Abstände zwischen den einzelnen Absätzen zu groß oder zu klein ist. Es zählt immer noch Ihre Leistung und Ihr Angebot.

Ich weiß aus Erfahrung, dass es sehr reizvoll ist, Anpassungen vorzunehmen oder etwas Neues auszuprobieren. Denn digital ist das ja ganz schnell möglich. Leider dauert es dann doch länger und es sind wieder drei Stunden weg, die man besser in die Kundenakquise gesteckt hätte.

Sparen Sie lieber die Zeit und richten Ihr Augenmerk auf den Umsatz. Wenn dann das Geschäft brummt, kann man immer noch auf einen Profi zurückgreifen und eine Website erstellen lassen. Dieser wird dann auf Basis von WordPress Ihnen immer weiterhelfen können. Ihre Arbeit war also nicht umsonst.

Statistiken über den Hoster, Google Analytics oder Piwik

Natürlich ist es interessant zu sehen, ob und wie viele Besucher die Website hat. Dafür gibt es Statistik-Software, die das erfasst.

Am einfachsten ist es, wenn Sie sich dafür bei Ihrem Hoster einloggen und den Menüpunkt Statistik aufrufen. Bei Strato findet man das in der „Übersicht" unter „Ihr Paket". Klicken Sie auf das Feld mit der Beschriftung „Statistik anzeigen".

Andere Hoster sollten ein ähnliches Angebot vorweisen können.

Sehr viel bessere Auskunft über Ihre Besucher erhalten Sie mit Google Analytics oder Piwik. Für ersteres muss man sich hier anmelden:

http://www.google.de/analytics/

Sie bekommen dann von Google einen Code, den Sie in Ihrer Website integrieren müssen. Am besten mit IP-Anonymisierung, damit Sie keine Datenschutzprobleme in Deutschland bekommen.

Dieses Plugin kann Ihnen dabei helfen:

https://de.wordpress.org/plugins/google-analytics-for-wordpress/

Was die wenigsten Nutzer von Google Analytics wissen: Man muss einen schriftlichen Vertrag mit Google eingehen. Laden Sie dafür folgendes PDF herunter, drucken es zweimal aus, unterschreiben es und schicken es zu Google. Sie bekommen ein gegengezeichnetes Exemplar zurück.

https://static.googleusercontent.com/media/www.google.com/de//analytics/terms/de.pdf

Wer sich nicht auf Google einlassen möchte, kann die kostenlose Software Piwik auf seinem Webserver installieren. Die Einrichtung funktioniert wie WordPress. Bei Strato findet man Piwik in der Rubrik „App-Wizard".

Die Erklärung dieser Software würde hier allerdings den Rahmen des Buches sprengen.

Impressum und Datenschutz

Vergessen Sie nicht, auf Ihrer Website mindestens ein

Impressum zu hinterlassen. Dort sollte Ihre Adresse, Telefonnummer und Mail-Adresse ersichtlich sein.

Sie sollten auch einen Hinweis auf die benutzten Bildquellen im Impressum eintragen.

Wenn Sie kein Impressum auf Ihrer Site anbieten, laufen Sie Gefahr abgemahnt zu werden. Das kann teuer werden.

Am besten benutzen Sie den nützlichen Impressums-Generator von http://www.e-recht24.de/

Eine Datenschutzerklärung ist nicht immer erforderlich, doch mit diesem Generator, ist sie schnell erstellt und man ist auf der sicheren Seite.

Diesen finden Sie hier: http://rechtsanwalt-schwenke.de/smmr-buch/datenschutz-muster-generator-fuer-webseiten-blogs-und-social-media/

Suchmaschinen-Optimierung (SEO)

In manchen Kapiteln habe ich bereits über SEO gesprochen, zum Beispiel bei der Wahl der Internet-Adresse und dem Benutzen von Überschriften. Hier möchte ich noch ein paar weitere Dinge ansprechen.

SEO wird in zwei Bereiche unterteilt, in On-Page-SEO und Off-Page-SEO. On-Page betrifft die Optimierung Ihrer eigenen Website und Off-Page außerhalb davon. Was bedeutet das genau?

Off-Page-SEO

Beim Off-Page-SEO geht es darum, dass Sie andere Websites dazu bringen, auf Ihre Site zu verlinken. Sie müssen also den anderen Webmastern einen Anreiz bieten, dies zu tun. Und viel wichtiger, Sie müssen natürlich dafür Kontakt zu ihm aufnehmen. Das ist in der Praxis sehr schwer, da Webmaster von guten Sites oft aus diesem Grund angeschrieben werden.

In der Praxis sieht es so aus, dass die Mehrzahl der Website-

Besitzer keinen Kontakt zu anderen aufnehmen und hoffen, dass andere Besucher, Ihren Inhalt so gut finden, dass Sie ihn weiterempfehlen oder sogar auf Ihrer eigenen Site verlinken.

Off-Page-SEO ist mühsam und selten von Erfolg gekrönt. Man muss also sehr hartnäckig sein und wirklich guten Inhalt haben, damit andere auf die Website aufmerksam werden.

Eine beliebte Maßnahme für Gewerbetreibende ist das gegenseitige Verlinken von Geschäftspartnern. Das wird gerne umgesetzt und die meisten werden dem zustimmen. Machen Sie sich also nicht so große Mühen und nehmen nur Kontakt zu denen auf, die Sie schon kennen und die Ihre Leistung zu schätzen wissen.

Doch warum sind Links von anderen Sites so wichtig? Suchmaschinen können solche Verweise erkennen und werten diese aus. Verweist ein Link von einer starken bzw. bekannten Site (zum Beispiel bild.de) zu Ihrer, dann wird das als positives Signal gewertet. Normalerweise wird dadurch Ihre Platzierung bei Suchmaschinen besser. Je mehr Links Sie von guten Seiten erhalten, desto besser. Umgekehrt könnte ein Link von einer schlechten Seite (zum Beispiel einer, die in der Vergangenheit häufiger gegen Google-Richtlinien verstoßen hat) Ihr Ranking wieder nach unten ziehen.

Kommen Sie also bitte nicht auf die Idee, solche Links zu kaufen. Es gibt zahllose Quellen, die das gegen eine geringe Gebühr anbieten. Früher hat das gut funktioniert, da nur die Link-Menge als Maßstab benutzt wurde.

On-Page-SEO

Im Gegensatz zum Off-Page-SEO beschäftigt sich das On-Page-SEO mit der Optimierung der Website. Hier hat man als Website-Besitzer natürlich volle Kontrolle. Zum On-Page-SEO gehört:

- Einsatz von Titel (title) und Beschreibung (description) jeder einzelnen Seite und Beitrag.
- Verwendung von „Alt"-Tags bzw. jedem Bild in einen beschreibenden Text zu geben.

- Strukturierung vom Inhalt mit Listen und Überschriften.
- Gewährleistung einer schnellen Ladezeit der Website.

Dies sind nur die wichtigsten Punkte und manche Begriffe werden Ihnen vermutlich nicht viel sagen. Doch auch hier kann ein Plugin weiterhelfen: Yoast SEO (https://de.wordpress.org/plugins/wordpress-seo/).

Nach der Installation werden Ihnen bei der Erstellung des Inhaltes Hinweise zur SEO-Verbesserung gemacht.

Wem Yoast zu unübersichtlich ist, kann als Alternative „All in One Seo" benutzen.

Solange Sie keinen Online-Shop betreiben und damit Ihr Geld verdienen müssen, ist SEO für die meisten Gewerbetreibende nicht so wichtig bzw. verlorene Zeit. Ein besseres Ranking zu erreichen, ist mit viel Arbeit verbunden und ob diese sich wirklich bezahlt macht bzw. direkt mit neuen Aufträgen honoriert wird, ist fraglich.

Halten Sie Ihre Website aktuell und seien Sie in Foren und Gruppen aktiv, die zu Ihrer Branche gehören. So werden andere Menschen auf Sie aufmerksam und Kontakte entstehen.

Wenn Sie allerdings die Dinge beachten, die im Buch angesprochen worden sind, dann haben Sie in Sachen SEO schon viel erreicht.

Falls Sie wirklich ein besseres Ranking wünschen, nehmen Sie am besten Kontakt auf zu einer SEO-Agentur.

Eines noch zum Schluss: Vergessen Sie nicht, Ihre Firma bei Google-Maps anzumelden. Bei manchen Suchanfragen werden bei Google an oberster Stelle in einer Karte Firmen aus der gesuchten Branche gelistet.

Sichere Website durch ein Sicherheitszertifikat

Wenn Sie Ihre Website im Browser aufrufen, wird vor der

Adresse ein „http://" angezeigt. Dies steht für das benutzte Protokoll der Datenübertragung (hypertexttransportprotocol). Seit 2017 werden im Browser Domains mit dieser Protokoll-Art als unsicher angezeigt.

Wenn Sie dies verbessern wollen, buchen Sie bei Ihrem Hoster ein Sicherheitszertifikat. Dann wird die Site mit „https://" angezeigt.

Laut Google werden solche Website auch im Ranking bevorzugt. Wie groß dieser Vorteil wirklich ist, kann leider nicht beziffert werden.

Das Sicherheitszertifikat sorgt jedenfalls dafür, dass die Daten zwischen Ihrem Webserver und dem Besucher verschlüsselt werden. Formulareintragungen auf der Kontaktseite können also beim Versenden nicht mitgelesen werden.

Sollten Sie sensible Daten über Formulare von Ihren Besuchern abfragen, wäre der Einsatz von https angebracht. Oft gibt es zu Beginn des Vertrages mit Ihrem Hoster solch ein Zertifikat kostenlos. Nach einem Jahr entstehen erst die Kosten in Höhe von 2 bis 10,- Euro pro Monat (manchmal sogar noch mehr je nach Art des Zertifikats). Achten Sie also genau darauf, welche Kosten u. U. auf Sie zukommen.

Sollten Sie in Betracht ziehen, ein Zertifikat nachträglich zu installieren, ist die Umstellung in WordPress leider umständlich und überfordert den Laien. Eine Anleitung dazu findet man zum Beispiel hier:

http://t3n.de/news/wordpress-website-https-679876/

Wer vor der Installation von WordPress schon ein Zertifikat über seinen Hoster beantragt hat, wird dieses Problem nicht haben. Wer also zukunftsorientiert denkt und das nötige Kleingeld hat, sollte gleich mit einem Zertifikat starten.

Update von WordPress, Plugins und Themes

Genauso wie Betriebssysteme und Software wird auch

WordPress mit Verbesserungen durch Updates immer wieder auf den neuesten Stand gebracht. Sie werden im Backend von WordPress darauf aufmerksam gemacht (im oberen Teil wird ein entsprechender Link zum Update angezeigt).

Bitte beherzigen Sie dieses Angebot und halten Ihre Website aktuell. Andernfalls kann es passieren, dass Ihre Site wegen einer Sicherheitslücke gehackt und sogar von Google oder Ihrem Hoster gesperrt wird.

Vergessen Sie aber nicht, vorher ein Backup mit dem Plugin „Duplicator" anzulegen.

Auch Plugins warten mit Verbesserungen auf und bieten diese durch ein Update an. Wenn Sie die Liste der installierten Plugins anzeigen lassen, sehen Sie dies durch einen Hinweis.

Normalerweise sollte ein Update reibungslos funktionieren, aber auch hier rate ich zu einem Backup vorher.

Bei Themes sieht das anders aus, da manchmal ein Update das komplette Design einer Site zerstören kann. Wenn Sie also mit der Gestaltung zufrieden sind und keine Sicherheitslücke durch das Theme entsteht, würde ich ein Update des Themes lieber nicht durchführen.

E-Mail

Bevor man seine eigene Website erstellt, hat man in der Regel schon eine E-Mail-Adresse bei Google, T-Online, Web.de, Yahoo o. ä. Diese kann man natürlich weiterhin benutzen.

Doch macht es sich nicht besser, wenn Ihre E-Mail im hinteren Teil Ihren Firmennamen hat? Ich denke schon. Richten Sie also im Backend vom Hoster eine E-Mail für sich ein.

Nachname@ihreDomain.de oder buero@ihreDomain.de sind gute Beispiele. Sie brauchen dafür anfangs kein Postfach anzulegen, eine Weiterleitung zu Ihrer bestehenden Adresse reicht.

Wer sich technisch auskennt, kann natürlich ein richtiges Postfach erstellen und dieses im E-Mail-Programm am Rechner einrichten. In der Regel haben die Hoster eine gute Anleitung wie man das bei verschiedenen Programmen (Outlook, Thunderbird usw.) macht.

Webbaukästen

Wer am Ende dieses Kapitels zum Thema Website-Erstellung zu dem Entschluss gekommen ist, dass das doch zu viel ist, dem sei jimdo.com ans Herz gelegt. Über diese Plattform kann man mit einer einfachen Software direkt online seine Website erstellen. Für 7,50 $ im Monat bekommt man eine eigene Internet- und E-Mail-Adresse, zahlreiche Design-Vorlagen, sogar einen kleinen Shop, Suchmaschinen-Optimierung usw.

Um Updates und dergleichen muss man sich nicht kümmern. Alles läuft automatisch und man hat einen gut funktionierenden Support.

Vom Einsatz der Webbaukästen, die bei Hostern wie zum Beispiel 1und1 angeboten werden, kann ich allerdings nur abraten. Hier sind Sie auf Gedeih und Verderb dem Hersteller ausgeliefert und haben so gut wie keinen Einfluss auf Funktionen und Erweiterungen.

Links zu WordPress und Webdesign

Links zu WordPress und Foren

- http://WordPress.org
- http://WordPress.com
- https://de.WordPress.org/
- https://de.WordPress.org/support/
- http://forum.wpde.org/

Links zu Themes

- http://themeforest.net/category/WordPress
- http://www.elmastudio.de/WordPress-themes/
- http://elegantthemes.com

- http://thrivethemes.com/

Links zu Bildquellen

- http://gettyimages.de
- http://shutterstock.com/de
- http://fotolia.de
- http://deutsch.istockphoto.com
- http://flickr.com
- http://sciencephoto.com
- http://deutschefotothek.de
- http://photocase.de
- http://pixelio.de

Links zu HTML und CSS

- http://selfhtml.org
- http://xhtmlforum.de/css/
- http://css.maxdesign.com.au/listamatic/ (Mit CSS Listen gestalten - englisch)

Design und Farben

- http://www.drweb.de/magazin/
- http://webdesignledger.com/ (englisch)
- http://t3n.de/
- https://color.adobe.com/de/create/color-wheel/

Site auf Viren überprüfen

- http://www.websicherheit.at/website-malware-viren-scanner/

Social Media

Privat benutzt es fast jeder: Facebook, Twitter, Instagram usw. – soziale Medien bzw. soziale Kanäle. Doch macht dies auch beruflich Sinn?

In meinem Umfeld kenne ich niemanden, der erfolgreich durch Social Media Kunden werben konnten. Einer meiner Studenten im Fachbereich Tourismus berichtete, dass Ihre Firma (ein großer Reiseveranstalter) auf Facebook eine Buchungsfunktion programmieren ließ (für viel Geld) und nach 3 Monaten gerade eine Buchung darüber abgewickelt worden ist. Und das bei damals ca. 200.000 Fans.

Ein Amerikaner erzählte von seiner Facebook-Fanseite für T-Shirts mit über 1 Millionen Fans, über die pro Werbe-Einblendung gerade mal 10 T-Shirts verkauft worden sind.

Ich denke, dass die Arbeit, die Sie in die Pflege von Facebook und Ko stecken, auf Ihrer eigenen Site besser angelegt ist. Bedenken Sie auch, dass nichts schlimmer ist als ein sozialer Kanal, der nicht gefüttert wird. Das hinterlässt einen schlechten Eindruck.

Dies ist jedoch nur meine private Meinung, die ich mir in den letzten Jahren gebildet habe. Daher ist mein Engagement in diesen Medien auch sehr bescheiden und womöglich deshalb auch nicht so durchschlagend erfolgreich. Wenn Sie Freude daran haben, sich auf diesen Kanälen regelmäßig zu betätigen, möchte ich es also nicht als komplett sinnlos bezeichnen. Machen Sie am besten Ihre eigenen Erfahrungen.

Alternativen zum selber machen

Sie sind zu dem Entschluss gekommen, dass Sie Ihre Geschäftsausstattung doch lieber von einem Profi machen lassen wollen? Das ist auch eine gute Entscheidung, da Sie in diesem Fall mindestens ein brauchbares Ergebnis erhalten werden und die ersparte Zeit in den Aufbau Ihres Geschäfts stecken können.

Es gibt zwei Möglichkeiten, an wen Sie die Arbeit weitergeben können: Die Agentur oder eine Online-Plattform mit Freelancern.

Arbeit mit einer Agentur

Es gibt viele Agenturen, die eine Geschäftsausstattung inklusive Website anbieten. An einer zu geringen Auswahl wird es also nicht scheitern. Doch bevor Sie sich blind auf eine Agentur einlassen, sollten Sie ein paar Dinge tun:

Informieren Sie sich, informieren Sie sich und informieren Sie sich.

Zuerst fragen Sie in Ihrem Bekanntenkreis und nehmen Kontakt auf zu den Agenturen, die Ihnen von denen empfohlen worden sind.

Schauen Sie sich deren Referenzen auf der Website an.

Es muss übrigens nicht immer eine Agentur sein. Ein(e) Designer/in kann Ihnen meistens auch schon weiterhelfen und ist bedeutend preiswerter.

Vereinbaren Sie einen Termin mit einer von Ihnen bevorzugten Agentur oder Designer. Sammeln Sie vorher Ihre Daten und Stichworte zu Ihrem Geschäftsfeld und Ihren Absichten. Sie können auch gerne Ihre Skizzen mitbringen, die Sie im Rahmen dieses Buches erstellt haben. Zeigen Sie in welche Richtung die Gestaltung gehen sollte. Oder Sie überlassen alles dem Designer und lassen sich überraschen. Im Idealfall sollte das Ergebnis wirklich überzeugen und Ihnen das Geld wert sein.

Bevor es jedoch zum Endergebnis kommt, wird natürlich noch fixiert, was alles kostet. Manche Agenturen bieten Neugründern Pauschal-Arrangements an. Sie bekommen dann also alles zu einem Festpreis. Meistens hat man dort aber nicht so viel Mitspracherecht oder Änderungen kosten extra nach Stundenaufwand.

Da Sie mit diesem Buch ja schon Grundlagen in der Gestaltung erworben haben, können Sie mit der Agentur auch aushandeln, dass sie Ihnen die Daten am Ende übermittelt. Dies ist normalerweise nicht üblich! Die Agentur gibt nur die Export-Daten weiter (in der Regel ein druckbares PDF), die nur schwer zu ändern sind. Möchten Sie auch die InDesign- und Illustrator-Datei, wird dies extra verrechnet. Sie haben dann aber den Vorteil, Änderungen selbst machen zu können, ohne immer wieder die Agentur zu beauftragen, die gerne mal einen Stundenlohn von mehr als 150,- Euro berechnet.

Bestehen Sie auch darauf, dass in der Gestaltung nur Schriften verwendet werden, die kostenlos sind. So müssen Sie später nicht auch noch die Schrift erwerben, wenn Sie Ihre eigenen Unterlagen bearbeiten wollen.

Sollten Sie keinen Designer finden, können Sie mich gerne unter kuhlmann@edvart.de anschreiben. Ich habe ein großes Netzwerk von Designern und Agenturen, die Ihnen sicher weiterhelfen können.

Arbeit mit einer Online-Dienstleistungs-Vermittlung

Im Internet gibt es immer mehr Vermittlungsplattformen für digitale Dienstleistungen wie Website-Programmierung, Logo-Entwicklung, Flyer-Design usw.

Dabei geht die Preisspanne von sehr günstig (5 US-Dollar) bis sehr teuer (nach oben natürlich ohne Limit). Schauen wir uns mal die wichtigsten Plattformen an.

Im Prinzip läuft die Vermittlung folgendermaßen ab:

- Man meldet sich an (oft reicht schon ein Facebook- oder Google-Account dafür),
- erstellt eine Anfrage bzw. formuliert seinen Wunsch und welchen Preis man bereit ist zu zahlen.
- Dann erhält man Angebote von Freelancern oder Agenturen.

Nun muss man aus den vielen Angeboten den oder die „Richtigen" finden. Schauen Sie sich an, welche Produkte bisher erstellt worden sind. Meistens gibt es ein Portfolio, welches man einsehen kann. Natürlich sollte man auch die Bewertungen von anderen Kunden berücksichtigen.

Meine Erfahrung zeigt jedoch, dass die Bewertungen meistens viel zu positiv sind. Bei einer Flyer-Erstellung bekam ich nach einer 3 Sterne-Bewertung tatsächlich noch eine freche E-Mail, warum nur 3? Die Person hatte verspätet geliefert und sich erst beim dritten Mal nach meinem Designwunsch orientiert. Sie hatte bisher aber nur 5 Sterne erhalten. Ich glaube nicht, dass dies ein Einzelfall war, da ich noch ähnliche Dinge erlebt hatte. Eine gute Bewertung ist also nicht allein ausschlaggebend für die Wahl.

Viele, die sich für Jobs bewerben, lesen das Stelleninserat nur oberflächlich und reichen trotzdem Ihre Bewerbung ein. Wenn Sie Ihre Stelle beschreiben (was Sie ausführlich tun sollten, damit keine Missverständnisse entstehen), fügen Sie den letzten Absatz in etwa folgendes ein:

Wer sich für diesen Job interessiert, schreibt in die Betreff-Zeile des Bewerbungsformulars bitte zusätzlich das Wort Zebra.

So können Sie gleich zu Beginn des Ausleseprozesses Personen herausfiltern.

Die meisten Dienstleistungs-Vermittler-Plattformen sind übrigens auf Englisch. Sie sollten also Kenntnisse in dieser Sprache mitbringen.

Kommen wir nun zu einer kleinen Übersicht:

1. An erster Stelle fällt mir Fiverr ein. Dort kann man seinen Wunsch formulieren und bekommt ihn für 5

Dollar erfüllt.

www.fiverr.com

2. Eine andere Plattform mit höheren Preisen, aber auch professionelleren Dienstleistern ist upwork (früher Elance). Aber auch hier sind die Bewertungen nicht immer glaubwürdig.

www.upwork.com

3. Speziell für Design gibt es 99Designs. Hier habe ich noch keine Erfahrung gesammelt, doch andere Geschäftspartner berichteten positives. 99Designs gibt es mittlerweile auch auf dem deutschen Markt.

99designs.com

99designs.de

4. „Designenlassen" ist ein weiterer deutscher Kandidat. Sie bekommen mehrere Designs zur Auswahl von verschiedenen Gestaltern und wählen sich das für Sie passende. Die Preise sind etwas höher, doch dafür werden Sie von Profis bedient.

www.designenlassen.de

Literatur-Tipps zu Adobe und WordPress

Wer nun durch diese kurze Lektüre auf den Geschmack gekommen ist, dem kann ich diese Literatur empfehlen:

- Adobe Photoshop CC: Das umfassende Handbuch
  Das Standardwerk zu Photoshop CC!
  Rheinwerkverlag

- Adobe InDesign CC: Das umfassende Handbuch
  Neuauflage des Standardwerkes zu CC 2015
  Rheinwerkverlag

- Adobe Illustrator CC
  Das umfassende Training – auch für CS6 geeignet
  Rheinwerkverlag

- Bildbearbeitung mit Photoshop für Anfänger (von EDVart)
  Lernen Sie in 7 Lektionen den Umgang mit Photoshop, um Ihre Fotos optimal aufzubereiten
  Amazon-Verlag

- Meine erste Website mit WordPress (von EDVart)
  Von der Planung bis zur Realisation einer eigenen Website für Anfänger und Einsteiger
  Amazon-Verlag

- WordPress 4: Das umfassende Handbuch.
  Vom Einstieg in WordPress 4 bis zu fortgeschrittenen Themen: inkl. WordPress-Themes, Templates, SEO, Google Analytics, Backup u. v. m. – Ausgabe 2017
  Rheinwerkverlag

- Logo, Visitenkarten, Flyer & Co.: Geschäftsausstattung und Werbung selbst gestalten – inkl. Plakat, Broschüre und Briefpapier
  Rheinwerkverlag

- Printdesign: Flyer, Broschüre, Plakat, Geschäftsausstattung – Das aktuelle Lern- und Nachschlagewerk
  Rheinwerkverlag

Bei Terrashop finden Sie übrigens günstige ältere Ausgaben
von Fachbüchern: http://terrashop.de

Worte zum Schluss

Nehmen Sie sich Zeit, aber auch nicht zu viel! Im Idealfall macht Ihnen die Arbeit am Computer und das Lernen von neuen Fertigkeit richtig Freude. Das ist gut so und dafür ist das Leben auch da. Doch achten Sie auf das richtige Verhältnis. Wenn Sie an Ihrer Geschäftsausstattung feilen, verdienen Sie in dieser Zeit kein Geld.

Ich möchte niemanden unterstellen, dass er ein Drückeberger ist, doch ich weiß aus eigener Erfahrung wie verlockend es sein kann, sich um gestalterischen Dinge oder um das Aufräumen des Schreibtischs und oder Posteingangs vom E-Mail-Programm zu kümmern, statt den wichtigen Anruf beim Kunden zu machen oder die Abrechnung für das Finanzamt.

Im Idealfall machen Sie Ihre Geschäftsausstattung nach Feierabend oder in Ihrer Freizeit.

Leider kenne ich genug Personen, die Ihre Zeit einfach mit diesen Dingen vergeudet haben, statt Ihrem Beruf nachzugehen. Sie haben sich selbstständig gemacht und setzen den Fokus aber nicht auf das Geld verdienen, sondern auf Nebensächlichkeiten. Es ist unverhältnismäßig schwer die 100 Prozent zu erreichen. Mit 80 Prozent kommen Sie genauso weit und benötigen erheblich weniger Zeit.

Belassen Sie also das Logo beim ersten guten Ergebnis, ändern Sie nicht unentwegt das Briefpapier, weil die Abstände nicht 100 Prozent stimmen und belassen Sie das Design Ihrer Website, auch wenn man es mit wenigen Klicks ändern könnte.

Nun möchte ich Sie aber nicht weiter entmutigen – Sie haben diesen Ratgeber bis hierhin gelesen und unterscheiden sich damit schon von den vielen anderen Buchkäufern, die schon nach wenigen Seiten aufgeben.

Nun nehmen Sie sich Zeit für die ersten Schritte: Logo skizzieren, Schrift und Farben aussuchen und nach guten Fotos Ausschau halten. Es gibt noch viel zu tun.

Dabei wünsche ich Ihnen viel Erfolg!

Falls Sie Fragen zu bestimmten Abschnitten haben oder sonst
ein Problem beim Erstellen der Geschäftsausstattung auftaucht,
zögern Sie nicht, mir zu schreiben an: buch@edvart.de